BIBLIOTHÈQUE
PHILOSOPHIE CONTEMPORAINE

L'ÉVOLUTION DU DROIT

ET

LA CONSCIENCE SOCIALE

PAR

L. TANON

PRÉSIDENT A LA COUR DE CASSATION

PARIS

ANCIENNE LIBRAIRIE GERMER BAILLIÈRE ET Cᵉ

FÉLIX ALCAN, ÉDITEUR

108, BOULEVARD SAINT GERMAIN, 108

—

1900

L'ÉVOLUTION DU DROIT

ET LA CONSCIENCE SOCIALE

L'ÉVOLUTION DU DROIT

ET

LA CONSCIENCE SOCIALE

PAR

L. TANON

PRÉSIDENT A LA COUR DE CASSATION

———

PARIS

ANCIENNE LIBRAIRIE GERMER BAILLIÈRE ET Cie

FÉLIX ALCAN, ÉDITEUR

108, BOULEVARD SAINT-GERMAIN, 108

—

1900

Tous droits réservés

L'EVOLUTION DU DROIT
ET LA CONSCIENCE SOCIALE

PREMIÈRE PARTIE
L'ÉCOLE HISTORIQUE

CHAPITRE PREMIER

L'ECOLE HISTORIQUE ET LE DROIT NATUREL

L'École historique des jurisconsultes, ainsi nommée, au commencement de ce siècle, par opposition à celle du droit naturel ou rationnel, n'est pas une manifestation isolée de la littérature juridique. Elle se rattache à la rénovation de la critique historique, par son application à l'histoire des institutions et des idées, et sa substitution, dans le domaine du droit, aux conceptions rationalistes abstraites qui dominaient les esprits jusqu'à la fin du siècle dernier.

On peut citer, parmi les représentants les plus marquants de cette direction nouvelle, après

Montesquieu, Burke, Vico, en France, en Angleterre et en Italie ; Herder, J. Moser, Hugo, Niebhur en Allemagne, qui sont tous, à des titres divers, comme les précurseurs des juristes qui tentèrent de reconstruire, sur le fondement solide de l'histoire, la philosophie du droit.

Ce qui donna son nom à l'École, et l'appela à la vie dans la controverse juridique, c'est l'application que Savigny fit, au droit, de la nouvelle critique, dans une polémique engagée par lui, au commencement de ce siècle, contre le jurisconsulte Thibaut, sur la nécessité d'une codification générale des lois civiles pour toute l'Allemagne[1]. A l'opuscule de Thibaut, Savigny répondit par un petit écrit sur la *Vocation de son temps pour la législation,* dans lequel il exposait ses vues personnelles sur la formation du droit[2].

Les idées principales de cet écrit, qui fut comme le premier manifeste de l'École, furent développées dans la revue que Savigny fonda, avec Eichhorn et Goschen, en 1815 ; elles furent ensuite reprises, et résumées ou complétées, par l'un et par l'autre,

1. Thibaut. *Ueber die Nothwendigkeit eines allgemein bürgerlichen Rechts für Deutschland.* 1814.

2. Savigny. *Vom Beruf unserer Zeit für Gesetzgebung und Rechtswissenschaft.* 1814. 3ᵉ éd. Heidelberg, 1840.

dans leurs traités de droit romain. Puchta est considéré, à bon droit, comme le second fondateur de
l'École ; mais il exerça, sur la pensée de Savigny
lui-même, une influence qui ne fut pas toujours
heureuse, en systématisant à outrance, dans sa
théorie de la coutume, les vues originaires du
maître, plus contingentes et plus larges [1].

La doctrine élaborée par Savigny et Puchta et les
juristes historiens qu'ils entraînèrent à leur suite,
dépassait de beaucoup la question secondaire de la
codification qui lui avait donné naissance ; elle
serait depuis longtemps tombée en oubli, si elle
n'avait eu un intérêt infiniment plus général. En
substituant l'idée de la formation historique du
droit à la théorie d'après laquelle un système juridique immuable pouvait être construit en dehors
de toute expérience et sur les seules données de la
raison, l'École opposait une égale et radicale contradiction au vieux droit de la nature et à toutes les
conceptions rationalistes du siècle dernier. Mais
elle venait surtout utilement et à son heure, pour
combattre un droit naturel plus perfectionné, que
les jurisconsultes élaboraient sous l'influence de la
philosophie de Kant et des écrits de ses nombreux

1. Puchta. *Das Gewohnheitsrecht.* Erlangen t. I, 1828 ; t. II,
1837.

disciples, et qui était en voie d'obtenir un assentiment presque universel.

Ce nouveau droit naturel, qui a conservé une assez
grande vogue, en Allemagne, jusque vers le milieu
de ce siècle, a produit une foule d'écrits qui, avec
des divergences dans l'application, et sous des ins-
pirations diverses, avaient cela de commun qu'ils
fondaient tout l'édifice juridique sur la règle formulée par Kant, d'après laquelle le droit a pour but
la détermination des conditions sous lesquelles la
liberté de chacun peut coexister avec la liberté de
tous. Kant et ses successeurs se sont efforcés de
déduire tout le droit de cette seule maxime, que
l'on appela la *maxime de la coexistence*[1].

La liberté, ainsi reconnue et limitée, est le droit
primordial de l'homme, et tout ce qui ne vise pas
à cette reconnaissance et à cette limitation réciproques est étranger à l'ordre juridique. De ce
droit primordial dérivent directement tous les
droits de l'homme sur sa propre personne. Ce sont
les droits innés ou *absolus*.

Les autres, qui portent sur quelque chose d'extérieur à l'homme et qui ne peuvent être acquis

1. Kant. *Principes métaphysiques du droit.* — V. Gros. *Lehrbuch
des Naturrechts.* 1802, 6ᵉ éd. 1841 ; Bauer. *Lehrbuch des Naturrechts,* 1803, 3ᵉ éd. 1825 ; v. Rotteck. *Lehrbuch von Vernunftrecht
und der Staatswissenschaft.* 4 vol. 1829-1834, 2ᵉ éd. 1841.

par lui que sous la condition d'un fait, ne sont que des droits *hypothétiques*.

Les droits absolus sont ceux qui assurent le respect de la personnalité physique et morale de l'homme, de son corps, de son honneur, de sa liberté extérieure, de la liberté de conscience et de pensée, en un mot tous les droits qu'il peut avoir sur sa propre personne. Tous les autres, à l'exception du droit de propriété, sur lequel on dispute, sont des droits hypothétiques et dérivés.

Quant à la propriété, les uns la rattachent au droit primordial et la comprennent parmi les droits innés, en la déduisant de la seule idée de la liberté dont ils en font un corollaire nécessaire. D'autres, comme Gros, n'y voient qu'un droit hypothétique, parce qu'elle est extérieure à l'homme et conditionnée par le fait. La maxime de la coexistence, dans tous les cas, ne va pas au delà, et il n'y a rien de plus à en tirer, par voie de conséquence immédiate.

Toutes les autres règles et institutions juridiques n'en dérivent que par la voie médiate du contrat. Le droit de l'héritier *ab intestat*, par exemple, repose sur un contrat dont la perfection est seulement reculée à la mort du testateur; et l'hérédité n'est consacrée qu'à titre de succession testamentaire présumée.

Le contrat est, de même, l'unique fondement du mariage, de la famille.

Le mariage peut être compris, comme prenant son but le plus élevé dans la communauté de vie physique et spirituelle la plus parfaite, et dans la fondation d'une famille, ou comme une simple union contractuelle dont l'objet est limité aux relations réciproques des époux. La monogamie est seule légitime sous le premier point de vue. Toutes les autres unions peuvent être légalement reconnues, aux yeux de ceux qui tiennent le mariage pour un simple et libre contrat, comme Gros, qui suit Fichte sur ce point ; la polygamie, la polyandrie, ou un mariage temporaire par exemple, doivent quoique immoraux, être tenus comme non contraires au droit, sous la seule condition de l'accord des volontés.

L'État a lui-même le contrat pour unique fondement, contrat tacite, le plus nécessaire de tous. Son existence est impliquée par le principe même du droit, auquel l'État donne sa sanction par la contrainte.

Mise au service de l'ordre juridique, l'action de l'État ne doit tendre qu'à la réalisation de la maxime de la coexistence et à la protection des seuls droits des particuliers qui en dérivent Il suit de là

que l'État n'a qu'à garantir le libre exercice des libertés individuelles et a réprimer les atteintes qui
peuvent être apportées par chacun à l'égale liberté
des autres, sans avoir à exercer aucune action
coercitive, en dehors de cette étroite sphère, pour
ce qui touche à l'intérêt général, aux mœurs, à la
culture sociale.

Quelques auteurs s'efforcent, il est vrai, de justifier, par des voies détournées, une certaine intervention de l'État dans ces domaines réservés,
en montrant que cette intervention sert indirectement à la protection des vrais droits, et leur
donne seule toute leur efficacité. Mais l'opinion la
plus générale tend à réduire principalement l'État
à exercer des fonctions de police, et à laisser en
dehors de son action les intérêts pour lesquels sa
protection est la mieux reconnue de nos jours, et
la plus nécessaire. C'est la théorie qu'a développée
Humboldt, au commencement de ce siècle, avec la
dernière rigueur, dans son *Essai sur les limites de
l'action de l'État,* où il ne recule devant aucune
des conséquences les plus extrêmes de cette limitation du droit à la protection de la coexistence
des libertés individuelles [1].

---

1. G. de Humboldt. *Essai sur les limites de l'action de l'État.*
Paris, 1867.

Ce système, dont nous n'avons esquissé que les grands traits, repose sur un principe, vrai en lui-même, mais tout négatif et de pure forme [1].

Il n'y a aucune difficulté a reconnaître que le droit consiste dans la liberté de chacun limitée par la liberté de tous. Mais il s'agit de savoir quelles sont ces limites, car ce sont elles qui font précisément l'objet de tous les préceptes juridiques quelconques.

Or, la formule ne dit rien a cet égard ; elle laisse indéterminé tout le contenu du droit. Elle ignore les rapports nécessaires de la vie, qui peuvent cependant seuls servir de base rationnelle au règlement des limitations réciproques des actions des hommes ; et le droit naturel, a sa suite, affecte de n'en tenir aucun compte. La liberté, telle qu'elle la définit, n'est, comme on l'a très bien dit, qu'une sphère extérieure, un espace spirituel vide.

En dehors de sa signification purement formelle, cette formule n'a, en réalité, pour le fondement du droit, d'autre valeur que celle de la reconnaissance du dogme politique du XVIIIᵉ siècle, de l'égalité

---

1. V. pour un résumé plus complet de ce nouveau droit naturel : P. J. Stahl *Histoire de la philosophie du droit* (T. I, trad. par Chauffard) Paris 1880, p. 224 et suiv. Le droit naturel dans sa dernière forme ; et F. von Holtzendorff. *Encyclopädie der Rechtswissenschaft*, 5ᵉ éd. Leipzig, 1890, p. 67-72 : Das neuere Naturrecht.

devant la loi, dont elle n'est que la traduction en langage philosophique, de même que le droit qui en a été tiré si laborieusement, ne fait, sous sa forme logique, si rigoureuse en apparence, que consacrer, dans ses principales parties, et notamment en ce qui concerne le rôle de l'État, les conceptions politiques et économiques les plus en faveur dans ce siècle et au commencement du nôtre.

CHAPITRE II

LA DOCTRINE PRIMITIVE. — SAVIGNY. PUCHTA

La doctrine nouvelle formulée par Savigny, avec une grande hauteur de vues et une rare concision, dans ses premiers écrits, opposait à ces constructions idéales d'un ordre juridique purement rationnel, la notion d'un droit fondé sur les données positives de l'histoire, soumis à l'évolution, et en dépendance étroite du caractère du peuple auquel il s'applique. Dans l'article-programme qu'il composa pour le premier numéro de sa revue, Savigny appelle l'école contraire, l'École anti-historique. Elle se reconnaît à ce qu'elle a la prétention de représenter le droit naturel, invariable et absolu, la philosophie, la saine raison humaine.

Pour les philosophes du droit naturel, de la saine raison humaine, chaque âge crée librement et arbitrairement son monde, bon ou mauvais, heureux ou malheureux, dans la mesure de son intelligence et de ses forces. Il n'y a pas, avec cette vue des choses, à considérer les temps antérieurs qui n'ont rien à nous apprendre pour la constitution de l'état présent. L'histoire n'est qu'un recueil d'exemples politico-moraux.

L'École historique, au contraire, enseigne qu'il n'y a pas d'existence humaine isolée, et que tout ce qui nous paraît tel n'est, en réalité, que la partie d'un tout plus élevé et plus vaste. C'est ainsi que l'individu n'est jamais pris par elle comme une simple unité, indépendante de celles qui l'entourent : c'est le membre d'une famille, d'un peuple, d'un État.

Chaque âge ne façonne pas son monde à son gré ; il le crée, dans une union indissoluble avec le passé. Il reconnaît et consacre un état de choses donné qui est à la fois nécessaire et libre : nécessaire, en ce que cet état ne dépend pas des conceptions arbitraires du temps présent ; libre, en ce qu'il n'est pas dû à des influences, à des ordres venus de l'extérieur, mais qu'il sort du caractère même du peuple, se développant, au cours des temps, dans un état de perpétuel devenir et de constante évolution. L'histoire ne nous apparaît plus, avec cette conception des choses,

comme un simple recueil de faits ; c'est le témoin
du passé qui nous donne la seule voie pour
arriver à la connaissance du présent. Il ne dépend
pas de nous d'accepter ou de rejeter arbitrairement,
comme bonnes ou mauvaises, les conditions historiques antérieures, car ces conditions s'imposent à nous avec une nécessité inéluctable. Nous
nous abusons souvent, il est vrai, et prenons pour
le vrai cours du monde, l'image que nous nous en
faisons, comme si le monde avait commencé avec
notre pensée. Mais c'est là une illusion ; elle ne
peut changer la nature des choses [1].

Ces idées s'appliquent essentiellement au droit.

Le droit est un produit historique. Dès que nous
voyons une histoire fondée sur des documents,
nous y reconnaissons un droit avec un caractère
propre au peuple auquel il s'applique, comme sa
langue et ses mœurs. Le droit n'est pas d'ailleurs
un produit arbitraire que les circonstances, le
hasard ou la sagesse des hommes auraient pu
faire différent : il sort de la conscience commune
du peuple, de l'esprit général qui l'anime. Il se
forme, comme la langue, et se développe comme
elle, par une série de transformations qui s'opèrent

1. Zeitschrift für geschichtliche Rechtswissenschaft. Berlin 1815,
t. I, p. 1 et s

dans un mouvement continu, une constante évolution. Ces développements successifs, soumis au même principe, suivent une marche régulière, et obéissent à un enchaînement de circonstances invariables, dont chacune tient, par un lien spécial, aux diverses manifestations de l'esprit de la nation.

Cette connexion organique des institutions juridiques avec le caractère du peuple se révèle clairement dans les traits fondamentaux des principales d'entre elles, telles que la propriété, le mariage.

Mais le développement complet de ces institutions s'opère par des voies différentes, selon les temps.

Dans l'enfance des peuples, le lien qui unit la nation est plus étroit et plus généralement senti. La jeunesse des peuples est pauvre d'idées, mais elle a une conscience claire des rapports qui unissent ses membres. Elle sent et expérimente ces rapports d'une manière plus complète qu'aux stades plus avancés de la civilisation, et au nôtre en particulier, où les rapports de la vie sont si compliqués que nous en sommes accablés.

Cet âge primitif est celui de la formation coutumière du droit. La coutume est le produit pur de la conscience nationale. Ce n'est pas une création fortuite due à la simple répétition de cas résolus d'abord selon le hasard ou la fantaisie du moment.

La série d'actes uniformes qui la constituent trahit
la source commune d'où elle dérive.

Mais bientôt, avec la marche du temps, la coutume ne suffit plus, la conscience juridique du
peuple se fixe dans de nouveaux organes. Les
développements individuels, croissants et inégaux,
les connaissances et les occupations spéciales qui
isolent les individus, les conditions différentes,
font la conscience commune moins perceptible et
moins claire, et rendent plus difficile la croissance
spontanée du droit par le seul esprit général de la
nation. Les activités du peuple se divisent, dans
cet état plus avancé de la culture, et ce qui était
l'œuvre de tous, n'échoit plus qu'à ceux qu'une
vocation spéciale y a préparés.

Lorsqu'une telle division se produit, les juristes
apparaissent. Le droit, qui vivait dans la conscience du peuple, tombe dans celle des hommes
appelés à consacrer à son développement leur
activité particulière, qui représentent la communauté dans cette fonction. La législation et la
science constituent alors les organes de l'esprit
national suscités pour créer les nouvelles institutions devenues nécessaires et modifier ou annuler
celles qui ne répondent plus aux besoins du temps.

Le droit, dans cette nouvelle élaboration, a une

double vie : d'abord comme constituant une partie de la vie totale du peuple, à laquelle il ne cesse pas de se rattacher, puis comme une science particulière, entre les mains des législateurs et des juristes

La législation est le signe extérieur du droit le plus apparent. Quand le droit positif aurait atteint le plus haut degré d'évidence et de certitude, on pourrait encore chercher à s'y soustraire par ignorance ou par mauvais vouloir. Il peut donc être nécessaire de lui donner ce signe, qui le mette hors de toute contestation.

La loi complète le droit coutumier, et l'aide dans son développement progressif. Elle est bienfaisante, ou même indispensable, lorsque le changement des mœurs, des opinions, des besoins, exige impérieusement le changement du droit. Ces modifications du droit existant sont souvent mieux assurées par la loi que par les forces invisibles qui ont créé le droit primitif, à cause de la lenteur de l'action de ces forces et de l'état incertain du droit, qui en résulte.

La législation peut encore être utilement appelée à coordonner et à concilier les règles applicables à diverses institutions de droit, dans la réaction nécessaire qu'elles exercent les unes sur les autres.

Mais la loi, quel que soit son rôle, n'est toujours qu'une autre expression du droit populaire. Le législateur n'est pas en dehors du peuple; il est, au contraire, placé au centre de la nation, dont il ne fait que réfléchir l'esprit, les opinions, les besoins. Et ce caractère du législateur est indépendant de la forme donnée au pouvoir législatif par la constitution politique de l'État.

En résumé, le droit positif est toujours, à l'origine, un droit populaire, sous la forme de la coutume, que la législation vient compléter et garantir, souvent de très bonne heure.

Lorsqu'avec les progrès de la civilisation, les jurisconsultes viennent y apporter, à leur tour, leur contribution, le droit, représenté d'abord par la seule coutume, a deux nouveaux organes qui vivent de leur vie propre, la législation et la science. Si la force génératrice du droit, d'où sortait directement le droit primitif, vient à se retirer du peuple, et si ce droit lui-même est absorbé dans les deux nouveaux organes ou se concentre désormais cette force créatrice, la législation et la science peuvent demeurer comme les seules formes visibles de l'ordre juridique. La législation surtout, qui a une si grande prépondérance, par son autorité extérieure, peut alors être aisément prise pour la source unique du droit et ne laisser apparaître, que comme des compléments secondaires, les deux autres éléments qui ont concouru à sa formation. Mais cette absorption du droit populaire primitif, et même du droit scientifique des jurisconsultes, par la législation, ne doit pas nous faire illusion ni voiler, à nos yeux, les véritables origines, qui sont toujours dans l'action directe ou indirecte, de l'esprit de la nation, soit qu'elle se manifeste par la coutume, la législation ou la science[1].

L'application des vues de l'école la plus immédiate, la plus directe et la plus pratique, est celle qui en a été faite à la coutume et à la détermination de sa nature et de sa valeur comparée à celle de la loi. C'est le droit coutumier qui a fait l'objet de l'ouvrage principal de Puchta.

Puchta et Savigny lui-même donnent au droit coutumier la prééminence sur la loi, non seulement pour les temps anciens, mais pour tous les temps. Ils professent pour ce mode de formation du droit, ce que Bruns a appelé, une véritable idolâtrie[2]. La conscience juridique du peuple trouve d'après

1. Nous résumons ici les idées principales développées par Savigny dans son petit écrit initial, et dans le tome I (Préface et ch 2) de son Traité de droit romain

2 Bruns — Das heutige römische Recht, dans l'Encyclopédie d'Holtzendorff, p. 438.

eux dans la coutume, son expression la plus directe et la plus pure ; elle n'a dans la loi qu'une
expression médiate et moins sûre, parce qu'elle
passe par l'intermédiaire du législateur, et qu'elle
y est nécessairement associée, dans une mesure
plus ou moins large, à ses vues subjectives.

C'est la conscience juridique collective qui est *le
droit en soi*. C'est en elle que la coutume puise sa
force obligatoire. La pratique coutumière et la loi
ne sont pas une condition de la formation du droit ;
l'une et l'autre ne sont que les modes selon
lesquels se manifeste la conscience commune, qui
est déjà, *par elle-même, le droit*. La coutume est
d'ailleurs supérieure à la loi, et peut toujours la
modifier ou l'abroger par désuétude. Et c'est là
une conséquence de la nature vraie du droit ; et le
législateur excède ses pouvoirs, lorsqu'il limite arbitrairement ces effets nécessaires de la coutume[1].

1. Savigny. *op. cit.* — et Puchta. *Geuohnheitsrecht*, t. II, p. 171
et s

CHAPITRE III

CRITIQUE DE L'ÉCOLE HISTORIQUE

Cette théorie de la formation du droit, opposée à la conception rationaliste du droit naturel, a été acceptée d'abord par les principaux représentants de la science juridique allemande, presque sans discussion. Notre époque, si pénétrée des conditions positives du développement de la vie sociale, ne pouvait la répudier entièrement, mais elle en a fait une critique approfondie qui en a signalé les imperfections et les lacunes.

On a depuis longtemps reconnu les erreurs et les exagérations des fondateurs de l'École, et surtout de Puchta, le puissant dialecticien qui a systématisé ses vues. Ils ont méconnu le caractère vrai du droit positif, et de ses sources propres et les plus prochaines, en faisant de la conscience commune, le droit en soi, indépendamment du processus législatif ou coutumier par lequel il arrive à la positivité. Ils ont donné une trop grande importance à

la coutume aux dépens de la loi, et n'ont pas suffisamment reconnu la valeur et la prépondérance
nécessaires de l'élément législatif dans les états de
civilisation un peu avancés, et l'insuffisance de la
coutume pour régler l'ensemble des rapports sociaux, les coordonner et procurer toutes les réformes rendues nécessaires par les changements
survenus dans les conditions de la vie.

La distinction tripartite du droit, en droit de la
coutume, de la loi, et des juristes, a enfin été rejetée, à bon droit, comme ne répondant pas à la
réalité des choses. On a remarqué que le droit des
juristes n'avait été imaginé que pour masquer les
imperfections de la théorie. Les fondateurs de
l'École ont bien compris qu'à [un certain stade de
l'évolution, la conscience du peuple était incapable
de concevoir et de régler tout l'ordre juridique ; et
c'est pour combler cette lacune qu'ils ont imaginé
l'action des juristes, à côté de celle de la coutume
et de la loi, comme une source complémentaire du
droit.

Mais, quelle que soit l'importance de ces critiques,
elles s'adressent surtout à la discussion technique
de l'œuvre des fondateurs de l'École. Les deux idées
maîtresses qui les ont inspirés sont l'évolution du
droit et la part que prend, dans sa formation, ce

qu'on a appelé la conscience commune, la conscience juridique du peuple.

La première de ces notions, qui est de beaucoup la plus importante, est à peu près universellement admise aujourd'hui par les historiens du droit. La seconde, qui renferme l'expression d'un phénomène vrai dans certaines limites, a été l'objet de justes reproches, dans la conception systématique et arbitraire que l'École s'en est faite.

I

L'ÉVOLUTION. PREMIERS GERMES.

L'idée de l'évolution nous est devenue depuis longtemps familière dans les sciences de la nature et de l'histoire. C'est Savigny qui l'a produite, le premier, dans l'histoire du droit et lui a donné son nom propre.

Il proclame, dans son petit écrit initial et dans l'article programme du premier numéro de sa revue, qu'il y a une *évolution* naturelle du droit, comme de la langue ; que le droit est, dans chaque âge, le produit de l'évolution de tous les âges passés ; qu'il y a, entre les institutions juridiques et le peuple auquel elles s'appliquent, une connexion organique telle qu'il n'y a pas, pour le droit,

de temps de repos absolu, mais qu'il se développe
dans une évolution continue soumise à la même
loi de nécessité intérieure que toutes les autres
manifestations de l'activité du peuple. Il fait même
allusion, dans le premier de ces écrits, à la théorie,
déjà mise au jour, de l'évolution dans les sciences
naturelles, sans s'y arrêter d'ailleurs, et en dé-
clarant qu'il entend se borner à l'homme historique et au domaine du droit.

Merkel a très bien mis en lumière cette géniale
conception du fondateur de l'École historique, en
même temps qu'il a signalé, dans un ingénieux
rapprochement, la parenté réelle qui existe entre
les idées de Savigny sur ce point, et celles qui ont
été développées depuis lors, avec tant d'éclat, par
Darwin et ses successeurs dans les sciences de la
nature:

L'idée de l'évolution n'est pas différente selon
qu'elle est présentée par un naturaliste ou un juriste. Savigny considère les formes de la vie juridique qui font l'objet de sa théorie, comme le produit de l'évolution, dans le même sens que les
naturalistes lorsqu'ils étudient les formes de la vie
végétale et animale. Tous les traits principaux de
sa doctrine sont précisément ceux que nous offre
la théorie moderne de l'évolution, toutes les fois

qu'elle est traitée scientifiquement. Partout cette théorie implique changement, transformation, métamorphose, et, en même temps, continuité et dépendance, états conditionnés, legs aux générations futures. Partout elle exclut l'idée de l'immutabilité, d'un commencement absolu, d'un acte souverain de création. Tous ces traits caractérisent, dans la même mesure, l'évolution dans le domaine des sciences de la nature et de celles de l'esprit. La continuité et le legs aux générations successives en sont les deux points cardinaux.

Dans la doctrine des docteurs du droit naturel, les états caractéristiques de chaque époque se suivent comme les images d'un diorama introduites dans des cadres, par une main invisible, dans une série arbitraire. L'idée de former des institutions juridiques immuables correspond, dans le domaine des sciences de la nature, à l'invariabilité des formes du monde organique. De même, à l'idée qu'il suffit d'une révolution assez profonde pour remplacer l'ordre juridique actuel par un ordre nouveau fait de toutes pièces, correspond la théorie des anciens naturalistes d'après laquelle certaines révolutions terrestres devaient avoir entraîné l'apparition d'un nouveau monde d'organismes. Le droit n'est pas la création spontanée de mouvements sociaux incohérents et fortuits ; il est le produit de l'histoire [1].

Cette théorie est vraie ; elle est seulement incomplète, dans Savigny, sous deux rapports. Savigny s'attache presque exclusivement à la continuité, à la solidarité qui lie le présent au passé, sans considérer et surtout sans apprécier à leur juste valeur, les germes nouveaux de vie, les progrès ultérieurs que l'évolution développe dans l'avenir. C'est la lacune la plus grave de sa conception du phénomène ; nous y reviendrons plus loin. La seconde réside dans les limites arbitraires qu'il apporte à l'étude de l'évolution juridique. Il borne les recherches de l'historien du droit au droit romain et au droit germanique. C'est là une restriction de l'investigation scientifique qui ne saurait être justifiée et qui est justement répudiée par la critique moderne. Nous considérons aujourd'hui, dans son ensemble, toute l'histoire du droit ; et si nous donnons la première place au droit des peuples qui ont atteint successivement les plus hauts degrés de la civilisation, et en faisons, comme il convient, la base principale de nos spéculations, nous n'excluons

1. Merkel. — *Ueber den Begriff der Entwickelung in seiner Anwendung auf Recht und Gesellschaft* (dans Zeitschrift für das privat und öffentliche Recht, cité aussi sous le titre de Grünhuts Zeitschrift, t. III, p. 623 et suiv.)

pas les autres. Nous ne nous bornons même pas au droit des races historiques. Nous l'éclairons par les études ethnographiques, si précieuses lorsqu'elles sont le résultat d'observations sûres et suffisamment multipliées et qu'elles sont soumises' à une sérieuse critique. Nous complétons ces recherches par les données de l'économie politique, de la statistique et de toutes les autres sciences sociales, qui ont toujours, à quelque degré, une connexité plus ou moins étroite avec la science juridique La seule contemplation du droit romain et du droit germanique qu'envisage Savigny, en y joignant même celle du droit français, est insuffisante pour nous faire connaître tout le mouvement de la vie juridique et les faits et les lois par lesquels elle se développe et doit continuer sa marche progressive.

L'étude comparée de l'histoire et de la dogmatique juridique ne sera jamais trop étendue, et les emprunts qu'elle fera aux autres branches de la science sociale ne seront jamais trop larges, pour dégager le caractère véritable de ces faits et de ces lois, et pour fonder, avec quelque certitude, à côté de la connaissance exacte du passé et du présent, les vues hypothétiques qui nous sont permises sur l'avenir.

L. TANON.   2

II

LA CONSCIENCE JURIDIQUE.

La conception de l'École la plus contestée est celle qui voit la source du droit dans l'esprit national, le caractère, la conscience juridique du peuple, et dans la théorie qui en dérive, relativement a la nature et à l'importance respective de la coutume et de la loi.

C'est un auteur récent, M. Bergbohm, qui a, dans ces derniers temps, résumé le plus complètement les objections qui ont été relevées contre l'ensemble de cette doctrine.

Qu'est-ce que cette conscience juridique du peuple d'où émane tout le droit? Savigny et Puchta ne la définissent pas. Elle peut être prise dans deux sens différents ; dans le sens d'un jugement spécifique sur un état quelconque de fait, d'un verdict sur sa moralité ou son immoralité, sa convenance ou sa non convenance, et dans le sens plus général et plus large du conscient opposé à l'inconscient. C'est le premier sens qui est le plus habituel ; c'est l'idée éthique de la conscience, la conscience morale.

On a beaucoup disputé sur ce sujet depuis Savigny et Puchta, et plus particulièrement de nos jours. On a tenté de démontrer que la conscience commune ou la volonté générale, qu'on lui assimile souvent, avaient une existence propre, et qu'elles étaient aussi réelles que la conscience et la volonté individuelles. Post a même soutenu que la psychologie des peuples était plus facile à dégager et plus claire que celle des individus. Mais ce sont là de pures abstractions. La conscience juridique du peuple est une conception de droit naturel.

Les partisans de l'École historique tombent, avec elle, dans l'erreur capitale de ce droit, qui demeure toujours la même, soit qu'on donne pour fondement à l'ordre juridique, la raison, l'idée, le sentiment du droit, ou cette conscience commune.

Ce qui caractérise essentiellement toutes les théories de droit naturel, c'est, d'une part, qu'elles ne reposent que sur des opinions subjectives, et d'autre part, qu'elles considèrent, comme des sources du droit, des éléments qui n'ont aucune positivité, et qui ne peuvent dès lors engendrer aucune règle juridique.

La conscience commune n'est susceptible de se manifester, dans la réalité, que par les consciences individuelles; on peut dire d'elle ce que Puchta dit de la raison, que c'est une feuille blanche sur laquelle chacun écrit ce qui lui plaît.

Les adeptes de l'École s'efforcent vainement de donner à cette notion la réalité qui lui manque, en cherchant à établir une solidarité entre la conscience de l'individu et celle de la communauté. L'expérience nous apprend que la conscience des rapports sociaux diffère chez les individus, ou même dans les différents groupes du peuple; et on ne peut s'en étonner, lorsqu'on voit que les juristes eux-mêmes sont souvent en désaccord sur les questions les plus essentielles de l'ordre juridique.

A supposer d'ailleurs qu'elle existe, cette conscience collective n'est susceptible d'aucune détermination. Elle soit, d'après les fondateurs même de l'École, des forces obscures qui agissent silencieusement dans l'esprit du peuple. Sa genèse échappe à toute observation. Toute la théorie de Savigny et de Puchta, sur ce point, repose sur une fausse psychologie.

La conscience juridique ne peut être, au fond, qu'une source éloignée, une *fons remota* du droit, un des nombreux facteurs qui agissent pour sa formation. Et ces facteurs sont infinis. Le contenu du droit est déterminé par tant de motifs qu'on ne peut les énumérer, ni même les classer dans des catégories qui les épuisent.

La conscience morale ou religieuse, la nature humaine, la raison, le but politique, le besoin, la garantie contre les abus de la force, la protection des faibles, et d'autres encore, dont il est impossible de faire une énumération complète, déterminent le contenu du droit.

Tous ces facteurs ne sont pas les vraies sources du droit. Ce sont seulement les impulsions, les pensées qui lui ont donné naissance. Il faut, pour qu'elles deviennent du droit, qu'elles obtiennent la positivité. C'étaient d'abord des règles morales, rationnelles, techniques, reposant sur l'expérience, de simples idées. Ce n'est que dans la voie de la positivité qu'elles deviennent des règles de conduite ayant une force obligatoire. Ce sont les actes externes, générateurs du droit, qui les font passer du domaine de la morale dans le domaine juridique [1].

Cette critique est trop intransigeante et absolue.

Prise dans son ensemble et telle que ses fonda-

---

1. K. Bergbohm. — *Jurisprudenz und Rechtsphilosophie*, t. I Leipzig 1892, t. 1, p. 480-530: *Die naturrechtlichen Elemente der Savigny-Puchtasen Lehre.*

teurs l'ont formulée, la doctrine de l'École historique ne trouve plus de défenseurs. Mais elle n'en a pas moins laissé des germes profonds dans la science, et les auteurs qui ont signalé, à bon droit, ses erreurs, sont trop disposés à méconnaître l'influence décisive qu'elle a exercée, souvent à leur insu, sur leurs propres conceptions. La plupart des juristes et des historiens du droit, de la seconde moitié de ce siècle, se rattachent à elle par un lien plus ou moins étroit. Ce n'est pas seulement l'idée de l'évolution du droit substituée à sa prétendue immutabilité qui est reconnue formellement ou implicitement dans toutes leurs théories. La notion même de la conscience commune, beaucoup plus combattue, n'est rejetée, en réalité, par le plus grand nombre, qu'à cause de son indétermination et de la prétention des fondateurs de l'École d'en faire, du moins en apparence, une source formelle du droit. Ils ne contestent pas, au fond, qu'elle ne soit, sinon l'unique facteur, du moins l'un des éléments du contenu du droit, ni même que son action n'ait été, conformément aux vues de l'École, hautement prépondérante dans les temps primitifs de la coutume.

Beseler, dans son livre du *Droit populaire et du droit des juristes,* admet que l'esprit du peuple a partout créé le droit, dans sa première croissance. Il conteste seulement que les règles juridiques aient cette unique source, à un stade plus avancé de l'évolution, même dans la coutume, dont certaines dispositions ont manifestement une origine différente[1].

C'est la même idée que développe Zitelmann, dans une étude très originale sur la coutume et sa force obligatoire, et l'influence que l'erreur exerce sur elle.

Pour qui ne considère que les grands traits de l'évolution, le droit positif et la conscience du peuple paraissent s'accorder ensemble. Pour qui ne voit qu'en gros et en grand, il apparaît bien que chaque peuple produit son droit, celui dont il est capable et dont il a besoin. Vus de haut et de loin, les actes du législateur ne paraissent plus qu'un accident dans le temps; et le droit semble croître par sa force propre, et par celle de l'idée, dont le législateur n'est que l'instrument et le porteur.

Il en est autrement, quand on y regarde de plus près. Lorsqu'on considère le droit positif à un moment donné de son histoire, on y constate aussitôt, dans de nombreuses directions, des règles

1. G. Beseler. — *Volksrecht und Juristenrecht*. Leipzig, 1843, p 53 et s.

qui ne concoident nullement avec l'espiit de la nation.

La théorie de Puchta et de Savigny confond, pour les soumettre à la même règle, des temps très différents.

Il faut distinguer l'enfance des peuples, dans laquelle le dioit, la morale et la religion sont confondus, des temps qui ont amené la séparation de ces éléments. L'évolution de l'humanité, dans le domaine de l'idée, est un passage progressif, non encore achevé, de l'inconscient au conscient.

La distinction des règles du droit de l'ensemble des autres règles, religieuses ou morales, apparaît tard dans l'histoire de la vie spirituelle des peuples. A l'origine elles ne sont pas séparées ; elles ne forment qu'une seule et même discipline. Ce temps primitif répond bien aux idées, aux maximes de l'École historique. La conscience juridique, qui ne peut être alors qu'un sentiment, en quelque sorte instinctif, se confond nécessairement avec la conscience morale. Cette conscience est bien une conscience commune, car les rapports de la vie sont alors si simples et si uniformes, que le sentiment individuel réagit, à peu près sur tous, de la même manière.

Il en est autrement, dans les temps plus avancés,

lorsque le droit et la morale sont nettement séparés. Le droit naît alors, non plus pacifiquement,
et comme par une sorte de création spontanée, de
l'esprit de la nation, mais dans la lutte des intérêts
rivaux et des idées, et sous la double forme de la
coutume et de la loi [1].

Dans un écrit plus récent, sur le *Droit populaire
et la Loi*, M. Oertmann fait une part plus large à
cette conscience commune, qu'il identifie avec la
volonté collective. Il reconnaît dans le peuple un
être organique naturel qui manifeste des phénomènes psychiques propres. Cette vue est, il est
vrai, rejetée par un grand nombre d'auteurs, par
suite des tendances antimétaphysiques si accusées
de notre temps. Il n'y a pas cependant ici de sub-
jectivisme à redouter, car ce qu'il peut y avoir
d'accidentel dans les consciences individuelles se
perd dans la masse, et la volonté générale est la
résultante qui met au jour l'action commune de
tous les participants.

L'École s'est seulement représenté les choses
trop simplement. Elle méconnaît les effets du développement de la société et de la différenciation
croissante de ses membres. Le peuple ne se com-

1 Zitelmann. — *Gewohnheitsrecht und Irrthum*, dans Archiv
für die civilistiche Praxis t. LXVI, in. 1883, p. 323 et s.

pose pas d'unités égales mécaniquement assemblées.
Il est différencié au point de vue politique, économique, intellectuel, dans une mesure toujours plus
large, avec les progrès de la civilisation. Une conscience juridique commune et une pratique uniforme
sur l'ensemble du droit se forment alors beaucoup
moins aisément qu'il n'a paru à l'optimisme de Savigny et de Puchta.

Dans les petites communautés primitives, comme
dans la plus ancienne Rome, chez nos ancêtres
avant les migrations, et peut-être encore aujourd'hui
dans quelques cantons suisses, l'uniformité des
rapports sociaux et de la culture a été assez complète pour ouvrir la voie à la formation d'une conscience juridique commune et à une pratique conforme. Mais plus l'être collectif est grand et
compliqué, plus les intérêts se divisent, et plus
aussi se forment des partis politiques et religieux,
qui mettent obstacle à l'accord d'une opinion publique uniforme. La société cesse alors d'être la
créatrice spontanée du droit et est remplacée, dans
cette fonction, par l'État et le pouvoir législatif
qui en émane.

Mais on n'a pas aujourd'hui à faire l'éloge de la
loi. Il convient bien plutôt de se garantir contre ses
excès et d'opposer à la prétendue omnipotence du

législateur ses limites naturelles, en reconnaissant
l'influence légitime qu'a la conscience commune
dans la détermination du contenu du droit, soit
qu'il se forme par la voie de la loi ou de la coutume.

L'École historique nous a donné, sous ce rapport, les meilleures garanties, lorsqu'elle a montré
la corrélation nécessaire de toute la formation du
droit avec la direction morale de l'esprit de la nation.

Le législateur peut sans doute parfois devancer
son peuple, dans une géniale intuition, et favoriser
l'éclosion de sentiments communs qui ne sont encore qu'en voie de formation. Mais il arrive aussi
trop souvent, qu'il passe par-dessus ces limites, par
sa puissance souveraine, et qu'il s'écarte des idées
de justice vivant dans la nation, ou même qu'il se
mette en contradiction formelle avec elles.

Le but final que doivent poursuivre les organes
créateurs de la loi, est de mettre d'accord l'ensemble du droit avec la conscience collective.
Lorsqu'il y a une discordance complète entre les
institutions juridiques les plus essentielles et cette
conscience commune, et que l'État ne peut ou ne
veut la faire cesser, il n'y a d'autre remède que la
révolution, comme au siècle dernier. Il importe

donc que le législateur soit bien persuadé que son pouvoir, illimité en principe, a des bornes qu'il ne saurait franchir impunément, qu'il n'est que l'organe autorisé par le peuple pour exprimer et réaliser sa volonté, et qu'il doit s'attacher, avant tout, dans la détermination des lois, a satisfaire, à la fois, aux intérêts économiques et a la conscience morale de la communauté qu'il représente [1].

Le plus illustre des romanistes allemands contemporains, mort récemment, Windscheid, s'est proclamé le disciple fidèle de l'École en s'en appropriant les vues essentielles, dans son discours de rectorat, à l'Université de Leipzig, en 1884. C'est, dit-il, un rêve sans fin, dont l'humanité n'a jamais cessé de se bercer, qu'il y a un droit fixe, invariable, qui est le droit de la raison, valable pour tous les temps et tous les lieux. Cette conception n'est pas seulement celle des gens du monde ; elle a dominé pendant longtemps toute la science. On en a aujourd'hui reconnu l'erreur. Le droit est un produit de l'évolution. Il n'est, à chaque époque, qu'un moment de la vie spirituelle des peuples. Il se réalise dans la communauté qu'il est appelé à régir, et par elle ; et sa source dernière est la raison

---

1. P. Oertmann. — *Volksrecht und Gesetzrecht* Berlin. 1898, p. 3 et s.

et la conscience juridique communes des peuples. L'individu, il est vrai, a sa raison, qu'il désapprend difficilement à tenir pour *la raison*, mais il n'a aucun titre pour l'imposer a la communauté. S'il croit s'élever, par ses lumières, au-dessus de ses contemporains, il ne peut que s'efforcer de leur faire partager sa conviction, pour la faire passer ensuite dans la coutume et dans la loi. Ce n'est pas ce que l'individu tient pour le droit, qui est le droit, mais ce que la communauté reconnaît et proclame comme tel [1].

Les juristes mêmes qui veulent bannir la conscience collective du domaine juridique, à cause de l'abus que l'École en a fait, sont obligés cependant de reconnaître qu'elle répond réellement à certains éléments moraux du contenu du droit. Lorsqu'ils rejettent cette idée d'une manière absolue, c'est qu'ils envisagent la forme, non la matière du droit, sa force obligatoire, non son contenu ; c'est, en un mot, qu'ils considèrent seulement le droit positif, et qu'ils font abstraction du droit idéal, qui en est cependant la source première et la plus profonde.

Zitelmann ne conteste pas la possibilité de faire un usage scientifique de l'idée de l'esprit national.

1. Windscheid. — *Recht und Rechtswissenschaft* (Rectoratswechsel an der Universität). Leipzig, 1884.

Il admet qu'il y a des existences réelles qui sont formées par une pluralité, et qui sont cependant autre chose que la somme des individus qui les constituent. Il tient pour un fait d'observation qu'il y a des manifestations psychiques qui se développent dans les réunions d'hommes et qui ne s'expliquent pas, d'une manière satisfaisante et suffisante, par les états simples des individus qui les composent.

Il soutient seulement que ce sont là des spéculations philosophiques étrangères au droit et que le rôle du juriste doit se borner à rechercher le caractère auquel le juge reconnaît si une règle a une valeur juridique, et les conditions formelles auxquelles cette règle doit de devenir une règle de droit, quel que soit son contenu, juste ou injuste, conforme au but ou non, contraire ou non à la conscience populaire [1].

Bergbohm part du même point de vue. Il ne reconnaît d'autre droit que le droit positif. Il s'est donné pour tâche de combattre ce qu'il appelle le droit naturel, sous toutes ses formes ; et il comprend sous ce nom, non seulement le droit naturel proprement dit, mais encore toute espèce de spéculation sur le droit idéal de l'avenir. Il ne conteste

1. Zitelmann, *op. cit.* p. 26 et 27.

pas que de telles spéculations ne soient utiles, et même nécessaires, mais elles ne relèvent pas, pour lui, de la science du juriste, si étendue qu'on la fasse. Il pense que l'opposition de l'École historique au droit naturel aurait dû la conduire à l'idée qu'il n'y avait pas de droit en dehors de celui qui est revêtu de la positivité, et lui faire écarter en conséquence totalement sa notion de la conscience juridique qui, n'étant qu'un élément du contenu du droit, n'a qu'une valeur purement philosophique, d'ailleurs très problématique. Il ne méconnaît pas qu'on peut et même qu'on doit améliorer le droit ; et il n'a rien à objecter à ce que la science politique s'occupe de cet objet. Il refuse seulement de considérer les principes, les maximes, les idées, les mobiles, qui peuvent inspirer ces réformes, comme relevant de la science juridique. C'est ce qu'on peut appeler la politique du droit [1].

Mais le débat ainsi posé n'est plus, au fond, qu'une querelle de mots. Bergbohm, et les auteurs qui excluent, avec lui, le droit idéal du domaine juridique, n'entendent pas dire que la détermination du contenu, de la matière du droit, n'a pas d'importance. Ils pensent seulement que cet ordre de recherches n'appartient pas à la science juridique.

1. Bergbohm, *op. cit.* p. 145.

Nous ne nions pas la valeur du côté formel du droit et de l'étude qui a pour objet de reconnaître les voies par lesquelles une règle idéale de conduite obtient les caractères de la positivité et se transforme en une règle juridique obligatoire. C'est là une partie de la science qui offre le plus haut intérêt et qui a peut-être été trop négligée jusqu'ici par les juristes. Mais on ne peut, sans mutiler la science juridique, la rendre indifférente à la matière, au fond du droit. Les fondateurs de l'École ont, il est vrai, laissé eux-mêmes le droit futur hors du champ de leurs spéculations. Cette omission provient surtout de leurs dispositions personnelles, très conservatrices, qui leur faisaient considérer, de préférence, dans l'évolution, l'une de ses faces, celle qui relie le droit du présent à celui du passé, et détournaient leurs regards de l'avenir et du progrès. Cette indifférence à l'égard du droit de l'avenir était d'ailleurs fortifiée par leur opposition aux partisans du droit naturel, les seuls constructeurs de droit idéal qu'ils avaient devant eux, qui liaient, d'une manière absolue, leurs systèmes à de pures conceptions *a priori*. Mais le principe de l'École historique implique une théorie de la formation du droit futur, aussi bien que de celui du passé. Bergbohm soutient vainement que toute recherche de cette nature ne peut qu'aboutir à un retour au droit naturel. Comme le dit, avec raison, un auteur récent, Neukamp, dans son *Introduction à l'histoire de l'évolution du droit*, la question de la formation du droit futur relève si peu du vieux droit naturel, qu'elle est une conséquence nécessaire de la théorie de l'École historique, conséquence si inévitable et si proche, qu'on ne comprend pas que cette école ne l'ait pas elle-même développée et mise au jour. Ce serait une sorte de faillite de la science juridique que de renoncer à toute recherche spéculative sur la matière, sur le contenu du droit[1].

Nous ne faisons nulle difficulté de reconnaître que l'étude du droit positif, sous le point de vue pratique, et la détermination des formes générales du droit, considérées en elles-mêmes et indépendamment de son contenu, sous le point de vue spéculatif, sont les parties les plus fixes, les moins hypothétiques, et si l'on veut, les plus essentielles de la science juridique, en ce que ce sont elles qui la caractérisent le mieux, et la distinguent de toutes les autres sciences. Mais en excluant complètement de ce domaine toutes les recherches sur le con-

---

1. **Neukamp.** — *Einleitung in eine Entwickelungsgeschichte des Rechts.* Berlin, O. Heymann. 1893.

tenu idéal du droit, on se met en contradiction avec la notion que l'on s'est toujours faite de la philosophie du droit, qui a précisément servi jusqu'ici à caractériser les spéculations portant, non sur la forme, mais sur la matière des règles juridiques. Une telle appellation ne mérite pas d'ailleurs la réprobation dont la frappe M. Bergbohm. Il faut seulement déterminer exactement sa valeur et son véritable objet.

Le droit a, dans le plus grand nombre de ses dispositions, un caractère purement formel. Il ne tire pas son contenu de lui-même, il l'emprunte aux conditions, aux rapports réels de la vie sociale. Le droit idéal qu'imaginent le législateur et le juriste philosophe est, dès lors, inséparable de la conception idéale d'un état social concomitant. Les spéculations sur cet objet sont donc d'un ordre essentiellement complexe. Elles relèvent de la science sociale, aussi bien que de la science juridique ; elles tendent à réformer la société en même temps que le droit, à construire une cité juridique nouvelle. Elles procèdent de la pensée philosophique et sociale appliquée aux choses du droit. Mais elles méritent précisément ainsi la place éminente qui leur a été assignée jusqu'ici dans la philosophie du droit. Il ne semble pas d'ailleurs

que le nom de la politique du droit, que M. Bergbohm et d'autres avec lui voudraient substituer à
cette appellation, soit heureusement choisi. Si la
politique fournit une contribution importante au
contenu du droit, d'autres sciences, telles que la
morale et l'économie politique, pour ne nommer que
les principales, y ont encore une plus grande part.
Il est difficile, dans tous les cas, quel que soit le
nom qu'on leur donne, de contester la haute valeur
de telles spéculations ; car elles ont exercé, à toutes
les époques, une influence considérable sur l'avancement du droit tout entier, même lorsqu'elles se
présentaient sous la forme imparfaite du droit naturel, et qu'elles ne reconnaissaient pas, comme on
le fait généralement aujourd'hui, le caractère
véritable de l'ordre juridique et son étroite dépendance de tout l'ensemble de la vie sociale.

CHAPITRE IV

LA FINALITÉ DANS LE DROIT
JHERING ET LA DOCTRINE UTILITAIRE

Le célèbre jurisconsulte historien dont nous inscrivons le nom, pour la première fois, en tête de ce chapitre, mérite une place à part dans la discussion de l'École. Il n'a pas seulement repris, en l'amplifiant et la revêtant des riches couleurs de son imagination et de son style, la critique des vues personnelles de Savigny et de ses premiers disciples. Il a construit, sur ses propres vues, et d'après une interprétation différente de l'évolution et des données de l'histoire, tout un système de philosophie du droit, dans lequel il oppose à la conception trop idéaliste de la formation inconsciente de l'ordre juridique par les forces latentes sorties du caractère du peuple, la théorie, non moins exclusive, de l'absolue finalité, et de la formation du droit toujours consciente des buts objectifs qu'il est appelé à réaliser.

L'œuvre d'Jhering est surtout connue, en France, par son grand ouvrage de l'*Esprit du droit romain*, son opuscule du *Combat pour le droit*, et les écrits divers édités récemment, sous le titre d'*Études complémentaires*, par M. de Meulenaere, son fidèle et savant traducteur [1].

Le *But dans le droit*, qui aurait bien mérité cependant de tenter la plume de M. de Meulenaere, n'a pas été encore traduit [2]. Signalé d'abord, et brièvement résumé par M. Durkheim, dans la *Revue philosophique* de M. Ribot, puis par M. Aguiléra, dans son livre sur l'*Idée du droit en Allemagne*, il a fait encore l'objet d'une intéressante analyse de M. Bouglé, dans une étude sur les *Sciences sociales en Allemagne* [3].

1. R. von Jhering — *L'Esprit du droit romain.* 2ᵉ éd Paris. 1880. — *Le combat pour le droit.* Paris. 1875. — V. notamment dans les *Études complémentaires de l'esprit du droit romain : Du rôle de la volonté dans la possession.* A. Maresq 1896.

2 *Der Zweck im Recht.* Leipzig 1877-1883. 2 vol. 2ᵉ éd. 1884-1886.

3. Durkheim. *Revue philosophique*, an. 1897, 2ᵉ sem. p. 49. — M. Aguiléra. *L'idée du droit en Allemagne, depuis Kant jusqu'à nos jours.* Paris F. Alcan. 1893, p. 220 et s. — C. Bouglé. *Les sciences sociales en Allemagne.* Paris F. Alcan. 1896. — Parmi les études critiques publiées en Allemagne sur cet ouvrage, il faut citer, en première ligne, celle de Dahn, *Die Vernunft im Recht, Grundlagen der Rechtsphilosophie* (Berlin. 1879), qui contient en même temps, comme l'indique son sous titre, l'exposé des vues personnelles de l'auteur sur la philosophie du droit.

M. de Moulenaere nous a donné récemment la
traduction d'une des œuvres posthumes d'Jhering :
Les Indo-Européens avant l'histoire. Il en a né-
gligé une autre, qui n'est que le commencement
d'une *Histoire d'une évolution du droit romain*
qu'Jhering avait promis d'écrire pour le *Manuel de
la science du droit* de Binding, et dont il n'avait
composé que l'introduction et quelques chapitres
relatifs à la maison romaine [1].

Jhering pose et développe, en tête de son ouvrage du *But,* le principe de la finalité, dont il fait
l'application au droit dans le premier volume, et
dans le second, à la morale. Cette interversion de
l'ordre naturel des choses, dans un système qui
assigne un seul et même principe à la morale et au
droit, a introduit quelque confusion dans son ouvrage, avec de nombreuses répétitions et certaines
contradictions ; elle est le résultat de la manière
dont l'auteur a composé son œuvre, en en étendant
le sujet, progressivement, au cours même de sa
publication.

Le but est le créateur de tout le droit ; il n'est
aucune règle de droit qui ne doive son origine à un
motif pratique, à un but.

1. *Les Indo Européens avant l'histoire.* Paris. 1895. —
Entwickelungsgeschichte des römischen Rechts (Einleitung u.
Verfassung des römischen Hauses). Leipzig. 1894.

Une double loi gouverne le monde sensible, la loi de causalité pour les êtres inanimés, la loi de finalité pour les êtres animés. Rien n'arrive dans le monde sans cause. Un mouvement de la volonté sans cause est aussi inconcevable qu'un mouvement de la matière. La seule différence est que la cause est mécanique dans le monde matériel, tandis qu'elle est, pour la volonté, de nature psychologique. C'est, pour la volonté, la cause finale, c'est le but.

Le but le plus général du droit est la garantie des conditions de la vie sociale par la force coercitive de l'État.

Ces conditions peuvent se diviser en trois classes : extra-juridiques, mixtes, juridiques.

Les conditions extra-juridiques sont celles qu'impose à l'homme le milieu naturel dans lequel il vit. Le droit n'a aucun pouvoir sur elles ; il n'en a que sur l'homme et ses œuvres.

Les conditions mixtes concernent l'entretien et la conservation de la société, et son développement normal par l'organisation du travail, du commerce et de l'industrie. Le droit ne doit venir qu'exceptionnellement au secours des activités naturelles qui pourvoient à ces divers objets.

Les conditions juridiques sont celles pour la garantie desquelles la société s'en remet exclusivement au droit.

Lorsqu'on dit que le droit garantit les conditions de la vie sociale, on n'entend pas par là qu'il doive les régler toutes, de manière à leur appliquer à toutes indistinctement les sanctions dont il dispose. C'est des conditions juridiques seules qu'il s'agit [1].

Cette conception du but du droit et de son adaptation aux conditions de la vie, prise dans sa grande généralité, prête peu à la critique, et peut être acceptée par tous ceux qui fondent l'ordre juridique sur des bases positives. Mais elle a reçu, dans le second volume consacré plus particulièrement à la morale, et dans les écrits qui ont suivi, des développements qui appellent d'amples réserves. Ces réserves s'appliquent surtout aux généralisations philosophiques de l'auteur sur les forces génératrices de la morale et du droit, et sur la causalité externe à laquelle, en définitive, il les ramène toutes, et d'où il fait sortir l'évolution de la vie sociale tout entière. Il semble que tous les traits de la doctrine d'Jhering n'aient pas toujours été bien arrêtés dans son esprit, et on pourrait signaler, dans l'élaboration qu'il en fait au cours de son œuvre, d'assez nombreuses variations. La pensée

1. Jhering. *Der Zweck*. t. I, p. 435.

de l'auteur a manifestement évolué et s'est modifiée
et transformée, depuis son *Esprit du droit romain*
jusqu'à ses derniers ouvrages. Cette marche progressive de sa pensée se fait déjà remarquer dans
les deux volumes du *But,* publiés à six ans de dis-
tance l'un de l'autre, et ensuite et d'une manière
plus marquée, dans les écrits qui ont suivi. Tandis
qu'il distingue nettement, dans son premier volume,
entre les conditions matérielles et les conditions
idéales de la vie, et qu'il paraît reconnaître,
dans la nature humaine, la dualité des instincts
égoïstes et de mobiles moraux et désintéressés, il
insiste surtout, dans le second volume, sur les
forces égoïstes d'où il fait sortir toutes les autres,
et dans ses écrits ultérieurs, sur l'action souveraine, dans l'évolution, des conditions matérielles
de la vie, et la causalité externe, à laquelle il ramène, en dernière analyse, tous les éléments de la
vie sociale.

M. Neukamp, dans son *Introduction à l'histoire
de l'évolution du droit,* croit voir, sous ce rapport,
une contradiction dans le dernier ouvrage d'Jhering
sur l'évolution du droit romain. Il remarque que,
dans des passages différents de cet écrit, l'auteur
paraît, tantôt admettre une double causalité, interne et externe, tantôt exclure cette dualité pour

s'en tenir à la seule causalité externe. Dans un premier passage, Jhering reconnaît deux sortes de
causes efficientes de la formation du droit : 1° des
impulsions internes, le caractère du peuple, sa
manière de sentir et de penser, son degré de culture
dans un temps donné ; 2° des impulsions externes
qui résident dans les conditions économiques, politiques et sociales de ce même peuple dans le même
temps. Dans d'autres passages, au contraire, il
assigne pour but à la science, de remplacer partout le point de vue de la spontanéité interne par
la causalité externe, et pour but spécial à son livre,
de détruire la théorie régnante, dans l'histoire du
droit, d'après laquelle l'évolution se ferait du de-
dans au dehors, pour lui substituer l'idée contraire
de l'influence exercée par le monde extérieur sur le
droit[1].

Cette contradiction n'est qu'apparente. Jhering
reconnaît bien, dans l'histoire, l'existence de deux
sortes de phénomènes, internes et externes, qui
paraissent exercer concurremment une influence
sur le droit, dans le cours de son évolution. Mais
ce n'est la pour lui qu'une apparence ; ce n'est pas
le fond des choses. Les phénomènes externes, tels
que le caractère du peuple, sa manière de penser

1. Neukamp, *op. cit.* p. 95.

et de sentir, qu'il paraissait encore considérer, dans son *Esprit du droit romain,* comme un fait donné, un principe final d'explication, se résolvent purement et simplement, par une dernière analyse, dans les phénomènes externes d'où ils dérivent. Une partie de son livre des *Indo-Européens avant l'histoire,* ou il traite des Aryens et de leur période de migration, et de la civilisation babylonienne, est consacrée à illustrer cette thèse. Nous ne pouvons pas entrer ici dans l'examen détaillé de cet essai de reconstitution d'un passé antéhistorique et des hypothèses hardies sur lesquelles il repose. C'est dans le livre même qu'il faut lire les développements ingénieux et brillants dans lesquels l'auteur fait sortir toute la civilisation babylonienne, de l'habitat, du sol, du voisinage de la mer, et de la fabrication de la brique et de la construction du navire qui en furent la conséquence.

Ce sont ces mêmes tendances ultra-positivistes d'Jhering, qu'on remarque dans son second volume du *But,* avec sa détermination des mobiles de la conduite humaine, et l'unité finale à laquelle il les ramène tous.

Il trouve cette unité dans le seul égoisme. On pourrait croire, si l'on s'en tenait à son premier

volume, qu'il admet, à côté de ce sentiment, un
autre sentiment également naturel, coexistant
avec lui, le désintéressement, le détachement
de soi, de son nom moderne le plus usuel, l'altruisme. Mais on voit, dès le second volume, que
ce n'est pas là sa véritable pensée. L'égoïsme est
proclamé le seul sentiment primitif et naturel ;
et c'est de ce sentiment que la vie sociale a dégagé
tous les autres, différents en apparence, mais qui
s'y rattachent étroitement. Sec et nu chez l'homme
de la nature, transformé chez l'homme civilisé,
épuré et surtout agrandi dans le corps social, c'est
toujours l'égoïsme fondamental et primitif.

Jhering développe cette idée sous toutes les
formes, et avec un caractère de plus en plus
absolu dans ses derniers écrits. C'est l'égoïsme
que la nature a implanté dans le cœur de l'homme ;
l'histoire seule a tiré de lui le sens moral et le
sentiment du droit. L'égoïste est le produit de la
nature ; l'homme moral est le produit de la société.
La morale n'est autre chose que l'égoïsme dans sa
forme la plus haute ; c'est la répétition d'une
même pensée, à un degré plus élevé de l'évolution.
Ce n'est pas, selon une formule qu'il se plaît à ré-
péter, le sentiment du droit qui a créé le droit ;
c'est le droit qui a créé le sentiment du droit. Le

droit est, comme tout le monde moral, une simple création de l'homme, « à laquelle la nature n'a pas eu la moindre part ».[1]

Merkel, dans son Introduction philosophique à la science du droit, de l'Encyclopédie d'Holtzendorff, a signalé, en très bons termes, l'erreur d'Jhering sur ce point. L'utilitarisme perfectionné, tel qu'il le reconnaît chez Jhering, Stuart Mill, Leslie Stephen et d'autres, n'accorde pas la valeur qui leur appartient aux conceptions idéales qui se forment en nous sur l'être humain et son action dans la société. Nous avons en nous des instincts, des penchants naturels, qui prennent leur racine dans l'organisation humaine et la structure particulière de l'individu. L'âme d'un jeune citoyen du monde n'est pas une feuille blanche sur laquelle on peut inscrire n'importe quel contenu, et qui n'y ajoute rien. L'homme n'est un produit de la société qu'au sens dans lequel le chêne est le produit du sol où il prend racine, et qui, d'un chêne, ne peut précisément laisser sortir qu'un chêne. Il y a des forces éthiques qui coexistent avec les forces égoïstes, dans la nature humaine; et les

1. V. *Der Zweck*, t II. p. 171 et s.: Die gesellschaftliche Théorie; p. 213 et s.: Der Gegensatz von gut und böse; der Tugendbegriff; der Pflichtsbegriff; die Gerechtigkeit.— *Entwickelungsgeschichte*, p. 19 et passim.

unes et les autres se développent, à des degrés
divers, sous l'influence des conditions sociales. La
bonté de cœur n'est pas un fruit des influences sociales, dans un autre sens que la dureté de cœur.
La supposition que l'homme est venu au monde
comme un égoïste absolu, et que la société a fait
naître, comme par enchantement, de son égoisme,
toutes les forces morales dont il avait besoin pour
atteindre ses buts sociaux, est aussi arbitraire que
celle qui fait de l'individu, marchant dans les rangs
de la société, un automate susceptible d'être transformé en une quantité quelconque, au gré des
intérêts sociaux.

Il suffit, pour se convaincre du caractère insoute-
nable d'une telle prétention, de considérer l'amour
maternel qui, d'une part, est un élément essentiel
de l'éthique humaine et s'y révèle comme une des
forces de la nature, et qui, d'autre part, se manifeste également aux degrés les plus élevés et
moyens de l'animalité. Les instincts répondant à
nos sentiments moraux sont, en général, repré-
sentés, de diverses manières, dans le monde des
animaux, où ils ne peuvent cependant être consi-
dérés comme une production artificielle de l'éducation, ni ramenés, comme source dernière, à l'expérience de l'individu par rapport aux conditions de

son bien-être. Or, il est impossible, sans faire preuve d'un dogmatisme qui ferme les yeux à l'évidence des faits, d'admettre que l'organisation humaine soit plus pauvre, sous ce rapport, que l'organisation animale, et que ce qui est sorti, dans celle-ci, d'un penchant naturel, ne se soit développé qu'artificiellement dans la première. L'homme est sociable, de sa nature ; il ne l'est pas seulement par la vertu de l'institution sociale. Ses expériences portent, dès l'origine de la vie, à la fois sur des mobiles égoïstes et sur des forces différentes qui contribuent à la formation d'un certain idéal éthique, et qui ne sont pas seulement un écho des impératifs sociaux.

Assurément, ceux pour lesquels la morale se confond avec les impératifs sociaux, pour qui une volonté n'est morale que par rapport à ces impératifs, peuvent considérer la morale comme étant tout entière une création de la société. Mais ils se mettent d'emblée en contradiction avec nos jugements éthiques, en ce que ces jugements sont déterminés en nous par le contenu de la volonté et de l'action, et non par sa dépendance de n'importe quel impératif.

A ces faiblesses de la doctrine, vient s'ajouter l'impossibilité où elle se trouve d'apprécier la si-

gnification des idées sur le juste, prises par opposition aux idées propres d'utilité et aux règles du
droit positif [1].

Dans son étude si pénétrante sur la *Psychologie
des Sentiments*, M. Ribot rejette également la
théorie qui fait de l'altruisme un simple produit
de l'égoïsme transformé. Il montre que l'instinct
altruiste est lui-même naturel et primitif; qu'il en
est de même du sentiment moral qui en dérive;
que ce sentiment n'est pas, à son origine, dû à une
idée, à un jugement; qu'il est, dans son fond, de
l'ordre moteur, non de l'ordre intellectuel, mouvement ou arrêt de mouvement, tendance instinctive
à agir où à ne pas agir; qu'il est, en ce sens, inné
en un mot, non à la façon d'un prétendu archétype
invariable, éclairant partout et toujours, et d'où les
idées morales sortiraient, innées elles-mêmes et
toutes formées, mais à la manière de la faim, de
la soif et des autres besoins constitutifs. Et M. Ribot
donne, avec Merkel, comme la meilleure preuve en
faveur de l'innéité du sentiment altruiste, l'affec-
tion, l'attachement qui se rencontrent même chez

1. Merkel sur Geyer. *Uebersicht über die Geschichte der Rechts
und Staats philosophie*, dans l'encyclopédie d'Holtzendorff, p. 87.
— V. sur l'ensemble de la doctrine utilitaire, la critique si pénétrante de Guyau (*La morale anglaise contemporaine*); et Fouillée
(*L'idée moderne du droit*. p. 169 et s. Le droit et l'intérêt majeur.)

les animaux, et qu'on ne peut attribuer à un calcul, à des prévisions intéressées ; de telle sorte que l'innéité de ce sentiment lui paraît établie sans réplique [1].

Jhering pousse encore, à un autre point de vue, sa théorie à ses conséquences extrêmes, par son abus de la finalité absolue qui lui fait voir, dans toutes les périodes de la vie sociale, même les plus primitives, une formation consciente de la morale et du droit. Il est en désaccord, sur ce point, avec les adversaires même de l'École historique, qui reconnaissent, la plupart, la formation inconsciente du droit dans sa première période coutumière ; il l'est également avec les philosophes les plus engagés dans les voies de la science positive.

M. Ribot, dans l'ouvrage que nous venons de citer, remarque qu'il faut distinguer, dans l'évolution de la morale, deux périodes distinctes. La première, instinctive, spontanée, inconsciente, déterminée par les conditions d'existence du groupe, s'exprime par les mœurs, mélange hétérogène de croyances et d'actes, moraux, immoraux ou amoraux, ou puérils. La seconde, consciente, réfléchie, aux aspects multiples comme les formes supé-

1. Ribot : *La Psychologie des sentiments*, p. 234 et 286. (Paris, F. Alcan.)

rieures de la vie sociale, s'exprime dans les institutions, les lois écrites, les codes civils et religieux,
et plus encore dans les spéculations abstraites des
moralistes et des philosophes. La plupart des constructeurs de morale savante ont dédaigné la première période; et c'est à tort, car elle est la source [1].

Mais à ne considérer même que la seconde période,
la finalité absolue est loin de rendre raison, comme le
voudrait Jhering, de toute la vie sociale et juridique
et surtout de lui imprimer, avec certitude, les directions fixes et rationnelles que la théorie suppose.

M. Bouglé, dans son étude sur Jhering, quoiqu'il
apprécie d'une manière plus large le système de
l'auteur, en y mêlant peut-être ses vues personnelles,
et qu'il s'efforce de le séparer de la théorie
utilitaire, fait une juste critique de l'hypothèse
téléologique, considérée comme principe unique
d'explication de toutes les actions des hommes: Les
actions qui, vues du dehors, nous paraissent les
mieux adaptées à des fins, ne sont pas toujours
celles dans lesquelles l'agent a eu la plus claire
conscience de ces fins. Quelquefois même, dans les
actions habituelles ou instinctives, la facilité de la
réalisation croit en raison inverse de la conscience
de cette fin. D'autres fois, les actions sont si mal

1. *Boul.* op. p. 284.

adaptées à la fin conçue par l'auteur, que nous
sommes portés, du dehors, à lui en attribuer une
autre. La conception de la fin n'implique pas
d'ailleurs celle des moyens. Certains actes paraissent si utiles à leur auteur, qu'on croirait qu'il les
a faits exprès; et c'est souvent à tort. Il arrive que,
tandis que nous croyons que l'auteur poursuit un
but lointain, il en suit un plus rapproché; et nous
prenons pour une fin, ce qui n'est qu'un résultat.

La difficulté augmente avec les actions sociales.
Les fins de certaines de ces actions ont pu être con-
çues par nos ancêtres, et nous les réalisons aujour-
d'hui sans les concevoir. L'utilité même de ces
actions a pu disparaître; elles survivent. Jhering
lui-même reconnaît les phénomènes de cette nature; ce sont des formes résiduaires. Elles n'étaient
qu'un moyen; elles deviennent une fin. Une même
action est déterminée, tantôt par une fin, et tantôt
par une autre. D'un autre côté, une même fin peut
déterminer des actions très différentes; car bien des
moyens peuvent y servir; et le choix de ces moyens
est déterminé, non seulement par les circonstances
extérieures, mais aussi par toute la vie interne, par
les croyances et les connaissances du peuple. Dans
la vie sociale, plus encore que dans la vie individuelle, les résultats sont malaisés à distinguer des

fins. Souvent l'action commune de plusieurs individus produit un résultat qu'aucun d'eux ne cher-
chait.

La finalité consciente, quel que soit son rôle, et
quoique son importance augmente progressivement avec les périodes les plus avancées de la
civilisation, ne peut pas servir, même pour ces
temps, d'explication intégrale de la vie sociale,
de toutes les règles de la morale et du droit[1].

1. Bouglé, *op. cit.* p. 119 et s.

DEUXIÈME PARTIE

L'ÉVOLUTION

ET

LA FORMATION HISTORIQUE DU DROIT

CHAPITRE PREMIER

LA FORMATION HISTORIQUE DU DROIT

La loi de la formation du droit n'est pas dans les doctrines du vieux droit naturel tirées de la fiction, depuis longtemps abandonnée, d'un état primitif de nature, ou de celle de la convention et du contrat social, ni même dans les théories rationalistes, demeurées plus en faveur, qui fondent l'ordre juridique sur quelques principes abstraits, dont elles font sortir, par une série de déductions logiques, plus ou moins laborieuses, tout le contenu du droit. Ni la maxime du droit naturel et de l'égale liberté, ni aucune autre formule purement rationnelle de la formation du droit, ne sont compatibles avec l'histoire des institutions juridiques.

Si les vues fondamentales de l'École historique sont vraies, — et nous les tenons pour telles; — si le droit est dans une corrélation étroite et constante avec tout le développement matériel et moral de la civilisation, et s'il est dominé par les lois de solidarité et de continuité historique qui régissent toute la vie d'une nation, il est clair qu'il ne peut être subordonné à aucun principe absolu pour le droit de l'avenir, non plus que pour celui du passé. Assigner un tel principe à la formation du droit futur est une entreprise vaine parce qu'elle tend à établir une séparation arbitraire et impossible, entre le présent et l'avenir qu'on veut lui assujettir, et le passé dans lequel on chercherait vainement des traces de son application.

La théorie utilitaire s'accorde mieux avec les conditions de la formation historique du droit. Mais sa prétention à l'unité la rend équivoque ou incomplète. Elle déduit, telle qu'elle est généralement présentée, même dans sa dernière forme, tous les actes individuels et sociaux d'un principe unique d'action qui ne répond pas à la réalité des choses.

Son plus grave défaut est de confondre, dans une unité factice, les phénomènes d'ordre matériel et les phénomènes d'ordre moral. Elle veut, en reculant dans le temps, éliminer les phénomènes moraux. Mais c'est en vain. Cette expérience, dont elle parle, qui aurait seule donné naissance à tout le droit, ne s'est jamais faite, à quelque époque qu'on se place, sous la seule action d'un milieu externe et des conditions matérielles de la vie. Elle a toujours été influencée par l'action concomitante d'un état mental quelconque des sociétés, si primitives qu'on les fasse, au milieu desquelles elle s'est développée. Elle a donc été, dans tous les temps, le produit de ces deux facteurs différents; et c'est une pure illusion que de vouloir résoudre ces facteurs l'un dans l'autre, à raison de leur prétendue origine, alors qu'on est obligé de reconnaître leur constante dualité, si loin qu'on remonte dans le passé.

Le droit ne peut être le simple produit d'un principe unique, si large et si compréhensif qu'on le fasse. Il est, sous le point de vue qui lui est propre, l'expression d'une réalité puissante, qui n'est autre que la vie; et les facteurs de sa formation et de son développement sont ceux-là mêmes qui déterminent l'évolution de la vie sociale tout

entière. Il est conditionné par tout le milieu physique et social dans lequel il se produit qui, en
même temps qu'il lui impose, par les éléments fixes
qu'il contient, certaines directions nécessaires,
provoque, par ses modifications et ses transformations successives, son évolution progressive.

Les éléments qui composent ce milieu n'agissent
pas partout, et dans tous les temps, de la même manière, mais ils sont toujours, à des degrés divers,
en action et réaction constante et réciproque, les
uns à l'égard des autres. Le milieu physique, dont
l'action primordiale a été très importante pour la
différenciation des droits des divers peuples, à leur
origine, a perdu une grande partie de sa valeur
avec le temps, et laissé une influence prépondérante au milieu social, qui résulte, à chaque époque,
de toute l'activité antérieure du peuple, et qui est
représenté par ses mœurs, ses coutumes, ses institutions de toute nature, en un mot, partout son état,
politique, économique, intellectuel et moral.

C'est l'ensemble de tous ces éléments, unis entre
eux par une étroite solidarité, qui opère dans
l'évolution, avec une prépondérance plus ou moins
grande des uns sur les autres, selon les temps et
les lieux, en conformité avec le but du droit et son
caractère propre.

I

LE BUT SPÉCIFIQUE DU DROIT.

La fonction propre du droit est de régler les rapports des hommes entre eux, par des règles de conduite juridiquement obligatoires.

Ces rapports sont de deux sortes : des rapports de coexistence; des rapports de coopération

Le droit a pour but, non pas seulement comme le veut la maxime la plus accréditée du droit naturel, d'assurer la simple coexistence des hommes vivant en société, mais d'assurer tout ensemble, leur coexistence, et leur coopération.

La coopération est, en effet, la condition essentielle et caractéristique de toute société, si imparfaite qu'elle soit. L'organisme social ne peut subsister sans elle ; il faut qu'elle s'opère, de gré ou de force. Les membres d'une communauté humaine ne sont pas des unités indépendantes, mécaniquement assemblées; ils sont associés et coopérateurs par tout l'ensemble de leurs activités individuelles ou collectives. La manifestation de leurs activités individuelles isolées constitue elle-même le plus souvent, une coopération réelle, quoique non délibérée et indirecte, par l'action inévitable qu'elles exercent les unes sur les autres, et toutes ensemble sur la com_munauté toute entière.

Le droit a donc à déterminer, à la fois, des rapports de coexistence et des rapports de coopération. Les rapports de coexistence protègent et garantissent les intérêts individuels ; les rapports de coopération protègent et garantissent les intérêts collectifs, la coopération sociale.

Mais les intérêts, dont le droit assure ainsi le jeu normal et régulier, sont très variés et très complexes. Ils sont, non seulement matériels et moraux, mais presque toujours mixtes, et compliqués d'éléments empruntés à l'ordre moral aussi bien qu'à l'ordre matériel.

Les intérêts, quels qu'ils soient, sont, en effet, déterminés, à chaque époque, à la fois par les conditions externes de la vie sociale, et aussi et dans une large mesure, par la conception idéale qu'une communauté se fait de la vie ; et cette conception a sa source dans la constitution mentale de cette communauté. Elle réside dans les sentiments collectifs et les croyances communes qui résultent de son état intellectuel et moral.

Ce sont ces sentiments et ces croyances qui créent les intérêts moraux et font subir des transformation's, parfois surprenantes, aux intérêts matériels eux-mêmes. Ils forment un élément idéal du droit, de la plus haute importance, que l'École utilitaire méconnaît ou rabaisse, que l'École historique a mis en pleine lumière, en l'exagérant seulement, et en lui donnant un rôle trop prépondérant et exclusif, et qu'il s'agit pour nous de définir et de ramener à ses justes limites.

II

LA CONSCIENCE SOCIALE.

L'esprit, le caractère national, la conscience juridique du peuple, de l'École historique, est ce que nous nommons plutôt aujourd'hui, la conscience collective ou commune, la conscience sociale.

Nous parlons souvent, dans la langue courante, de l'esprit général d'une nation, de la conscience publique, et même dans certaines circonstances, de la conscience des peuples civilisés ; et nous nous entendons, et nous faisons entendre des autres, lorsque nous parlons ainsi. On constate que la conscience publique s'exprime de telle ou telle manière, ou on affirme, au contraire, qu'elle a telle ou telle autre manière de sentir ; on ne nie pas qu'elle existe. Mais si la langue vulgaire a l'intuition de la réalité, et si ses dénominations ont par suite une valeur propre qu'il n'est pas permis de négliger, le sens vrai de ces appellations demande à être éclairé par une exacte analyse des manifestations qu'elles recouvrent.

L'École historique n'a pas défini ce qu'elle enten-dait par l'esprit national, la conscience juridique du peuple, et elle ne s'est pas fait, de cette notion, une idée assez nette. On lui a reproché, non sans raison, le caractère mystique dont elle revêt cette conception, en faisant de l'esprit national une espèce de puissance mystérieuse et occulte qui crée, à elle seule, tout le droit, par une sorte de génération spontanée échappant à toute prévision et à toute règle.

La conscience collective ou commune qui résume toute une catégorie importante des phénomènes internes de la vie sociale, n'est pas une simple abstraction. Elle tombe sous l'observation et le contrôle de la raison. C'est, pour chaque époque, comme les conditions positives de la vie, une donnée expérimentale que l'étude des institutions, des mœurs, de toute la culture d'un peuple permet d'apprécier et de définir. La critique historique moderne fait, avec assez de succès pour le passé, la recherche de l'état progressif, intellectuel et moral, des sociétés, qu'elle considère, à bon droit, comme un des éléments essentiels de l'histoire de la civilisation générale, et de la civilisation particulière des différents peuples. L'état actuel de la société, est un fait aussi, très complexe, il est vrai, mais qui n'en peut pas moins être déterminé, avec une précision suffisante, par les mêmes procédés d'investigation, étendus au présent.

Reprise et remise en honneur de nos jours, par un certain nombre d'auteurs, économistes, sociologues, historiens du droit, cette idée a été mieux précisée. Elle repose chez tous sur une réalité vraie. Mais les définitions qu'on en donne tendent souvent à exprimer plus que cette réalité, et la dénaturent.

Il importe, lorsqu'on parle d'une conscience commune, d'éviter les exagérations de ceux qui, assimilant la société à un organisme vivant, s'appliquent, à l'aide de cette fiction, à assigner partout au corps social des organes et des fonctions analogues à ceux du corps humain. Il faut se garder d'opposer, à l'individu et à la conscience individuelle, un grand être social psychologique, doué à la manière de l'individu, d'une conscience, que l'on distingue seulement de la première, en l'appelant collective.

La conscience collective n'est, au fond et dans sa réalité, qu'un nom que nous assignons à un ensemble de forces idéales qui, représentées dans les consciences individuelles, en ce qu'elles ont de commun, agissent au sein des sociétés, pour l'évolution de la vie sociale.

Elle n'est pas personnifiée dans un grand être collectif, avec un organe propre qui la spécifie. Les idées et les sentiments collectifs qui la constituent sont répandus dans tout le corps social ; mais pour être ainsi diffus dans la société tout entière, ils n'en ont pas moins des origines et une réalité propres. Ils sont, dans le cours des temps, la création lente et progressive des consciences individuelles ; mais, après s'y être réfléchis, ils s'en détachent pour leur survivre et s'imposent aux générations nouvelles. Communiqués aux individus, par la tradition, par la transmission héréditaire ou imitative, par l'enseignement, par toute la culture, intellectuelle et morale, et par la pratique de la vie sociale, ils sont, à leur tour, modifiés par eux, dans le temps même où ils les recueillent, et reçoivent des apports nouveaux. Ils forment ainsi, dans leur ensemble, pour chaque génération, un système de forces, traditionnelles ou nouvelles, qui constituent un des facteurs les plus puissants de l'évolution sociale; et le nom que nous leur assignons est celui qui répond le mieux à l'origine, à la nature et à la variété des phénomènes psychiques qu'ils expriment.

C'est le nom le mieux approprié qui puisse être donné à ces forces, parce que, nées des consciences individuelles, dans le passé, elles s'y réintègrent dans le présent, vivent et agissent en elles et par elles, en se combinant avec les éléments nouveaux qu'elles y trouvent, et forment ainsi un produit social vivant, dont l'action sur la société est analogue, par sa nature et ses effets, à celle qu'exerce sur l'individu la conscience individuelle.

Ces forces, qui se laissent d'abord reconnaître dans les mœurs, les coutumes, les institutions existantes, trouvent ensuite une expression plus directe dans les productions de la science, de la littérature, des arts, et dans les manifestations multiples de la vie publique.

Les sentiments collectifs qui les constituent, sont, par définition, ceux qui sont communs aux membres d'une même société humaine; mais il n'est pas nécessaire, pour qu'ils aient un tel caractère, qu'ils soient sentis ou perçus par tous les membres de la communauté. La conscience sociale serait singulièrement pauvre et nue, si elle ne comprenait que les sentiments et les croyances perçus par tous, ou même par le plus grand nombre. C'est dans les élites que s'élaborent les idées qui font la vie intellectuelle et morale des sociétés. Ces idées se répandent ensuite, selon leur nature, plus ou moins profondément, dans la masse ; mais toutes ne la pénètrent pas. La conscience commune, qui inspire et dirige la vie sociale, est cependant faite de tout le faisceau de ces forces. Elle comprend non seulement les sentiments et les croyances, sentis ou perçus par tous, mais encore ceux qui, vivant dans les élites, ne peuvent recevoir de la masse qu'un assentiment tacite. La masse ne pense, ni ne sent rien, sur les objets les plus élevés de la spéculation et de la recherche scientifiques. La conscience collective ne s'enrichit pas moins des produits de la haute culture, qui l'éclairent, l'élèvent, parfois la transforment, et lui procurent ses acquisitions les plus précieuses et les plus durables.

Les sentiments et les croyances, qui constituent la conscience sociale, développent souvent une force supérieure à celle des impulsions des consciences individuelles dont ils sont issus, et ont des effets différents. On connaît les effets des sentiments collectifs dans les foules, dans les assem-

blées, dans une collection quelconque d'hommes,
et la contagion des mouvements impulsifs qui s'y
développent, souvent avec une si grande violence.
Une contagion pareille, et plus durable, des sentiments et des idées existe dans toutes les communautés humaines, petites ou grandes; et elle a
pour effet, non seulement de les répandre sur un
plus grand nombre de têtes, mais encore de leur
communiquer une plus grande autorité, une plus
grande force.

La conscience commune exprime donc, dans
l'évolution de la vie sociale, une partie de la réalité. Mais il ne faut pas exagérer son rôle, et faire
reposer sur elle l'évolution tout entière. C'est ce
que l'École historique a fait, dans l'application de
cette notion au domaine du droit, en érigeant la
conscience en unique agent de la formation de tout
l'ordre juridique. C'est même là, à nos yeux, le
vice principal de toute la théorie.

La conscience commune de l'École historique,
c'est la conscience restreinte aux phénomènes de
l'ordre juridique, mais qui, en principe, les embrasse tous, qui crée tout le droit. C'est d'elle que
sortent toutes les dispositions si multiples, si complexes, de l'ordre juridique. Savigny n'en excepte
que certaines prescriptions secondaires ou d'un

caractère indéterminé tel qu'elles appellent une 'réglementation quelconque, et en quelque sorte arbitraire. Si, dit-il, les principes fondamentaux du droit positif, qui vivent dans la croyance du peuple, ne peuvent jamais être méconnus, la réalité des principes secondaires est moins évidente. Pour en avoir une conscience distincte, le peuple lui-même a besoin de les voir souvent appliqués. En outre, certaines parties du droit positif offrent un caractère d'indétermination qui demande à être fixé par une règle quelconque : telles sont, par exemple, les règles sur les prescriptions, les délais, la forme extérieure des actes.

La conscience juridique ainsi entendue, est, sauf ces restrictions, la source unique de tout l'ensemble du droit. C'est l'esprit national appliqué à toutes les manifestations quelconques de l'ordre juridique, quelle que soit leur nature, qu'il s'agisse d'utilité ou de conformité au but, ou d'idées morales et de justice.

La critique qui a été faite de l'École historique sur ce point, est décisive.

La théorie de l'École, prise dans cette généralité, n'est vraie que pour les temps primitifs. L'esprit national ne peut engendrer, par sa seule force, tout le droit, que dans les sociétés naissantes où la

simplicité et l'uniformité des conditions de la vie
et de la culture impriment, chez tous les membres
de la communauté, les mêmes manières de penser
et de sentir, et leur font embrasser et concevoir,
dans des vues uniformes, tout l'ensemble de la vie
morale et juridique.

Cette homogénéité, cette conception commune
totale de la vie, s'affaiblissent avec la multiplicité et
la complexité croissante des rapports sociaux, et
dans la mesure où se différencient les individus et
les conditions de l'existence en commun. La
conscience collective est alors, à la fois, moins
homogène, et moins propre à embrasser tous les
rapports de la vie, et surtout les rapports si variés
de l'ordre juridique. L'action du législateur devient
nécessaire et prépondérante. Ses calculs d'utilité,
ses combinaisons rationnelles des conditions
positives de la vie, sont l'instrument indispensable
du développement du droit. Le domaine de l'utilité
propre, de la finalité consciente et réfléchie, de
la conformité au but, s'agrandit.

La conscience commune, dans ce nouvel état, se
traduit dans des sentiments qui se résolvent, moins
en des conceptions positives de l'ordre juridique,
devenu trop complexe et trop vaste, que dans des
tendances, des directions, des idées morales, géné-

rales et abstraites. Elle ne se manifeste plus,
comme dans la période coutumière du droit, sous
la forme de représentations concrètes de la volonté
sociale, susceptibles d'être réalisées directement
dans la pratique. Elle devient pour le législateur,
dans l'élaboration des éléments qui concourent à
son œuvre, une règle idéale, une loi directrice, un
frein, en ce que ses calculs d'utilité et les prescriptions légales qui en résultent, ne peuvent prétendre, sinon à l'obéissance, du moins à la légitimité et à la durée, qu'autant qu'ils sont en accord
avec les exigences de cette conscience commune.

Ce domaine de la conscience collective, ainsi dé-
limité, est encore très étendu ; il embrasse, en
première ligne, tout l'ensemble des sentiments et
des croyances que nous comprenons sous la notion
de justice.

III

L'IDÉE DE JUSTICE.

La justice n'est pas une idée simple. Elle répond,
au contraire, à des sentiments très variés et très
complexes, qui ne peuvent être ramenés à l'unité,
ni compris dans une définition qui les épuise tous,
dans le cadre d'une unique formule. C'est une

entreprise vaine, quoique toujours renouvelée depuis l'antiquité jusqu'à nos jours, que celle qui consiste à s'efforcer de trouver un principe d'ou l'on puisse faire sortir rationnellement toutes les conceptions morales sous lesquelles se présente, dans des formes si diverses, cette notion commune de justice

Ni l'idée mathématique de l'égalité, ni celles de la proportionnalité, de l'équivalence, de la réciprocité, ni l'idée de l'harmonie et de la beauté, ni celle de l'identité et de l'accord de la pensée avec elle-même, ni même l'idée plus large de la solidarité, qui toutes entrent, pour quelque part, dans cette notion, loin d'en être la source unique, ne suffisent pour épuiser son contenu, si riche et si divers, ni ne répondent à la variété, à la chaleur et à la force des sentiments que son évocation éveille dans l'esprit des hommes. Liées à nos conceptions éthiques, politiques, philosophiques, religieuses, les idées de justice ne sont susceptibles, ni d'une définition, ni même d'une énumération exacte[1].

---

1. La notion de la solidarité est certainement, parmi les idées de justice, la plus compréhensive et la plus large. C'est plus qu'un nom nouveau donné à la fraternité. C'est, dit M Bourgeois (*Solidarité*, p. 13 et 155), une manière générale de penser, dont on trouve les traces un peu partout, mais qui apparaît, lorsqu'on en pénètre

Ce sont, pour le législateur et le juriste qui cherchent la loi de la formation du droit et les conditions de sa légitimité, de son efficacité et de sa durée, des données de la conscience sociale. C'est de là qu'elles tirent leur autorité et leur force, et leur titre légitime à devenir la règle externe des actions des hommes, quelle que soit d'ailleurs, aux yeux de la spéculation philosophique, leur source première.

Les utilitaires soutiennent que ces idées peuvent être toutes ramenées à la catégorie de l'utile, qu'elles ne sont, au fond, que des expériences d'utilité sur des règles particulièrement importantes de la vie sociale, vérifiées pendant une longue suite de temps, et transmises par la tradition,

la substance, comme l'achèvement des théories politiques et sociales dont la Révolution a donné au monde, sous les termes abstraits de liberté, d'égalité et de fraternité, la première formule. — Cette idée féconde de la solidarité a été érigée en système, ou développée dans diverses directions, par un grand nombre d'auteurs modernes, économistes, sociologues, naturalistes. V. Izoulet. *La Cité Moderne.* — Gide. *Principes d'économie politique* (l e Solidarisme, p. 39 de la 6e éd.). — *Quatre Écoles d'économie sociale.* Genève, 1890 (La nouvelle école, p. 98, et s.). — *Revue internationale de sociologie,* oct. 1893. — Marion. *De la solidarité Morale.* — Durkheim *La division du travail social.* — Metchnikoff. *La Civilisation et les grands fleuves historiques.* — Funck Brentano. *L'homme et sa destinée.* — Fouillée. *La Science sociale contemporaine* — Secrétan. *Le principe de la morale,* Lausanne, 1893. — Tarde. *l'Opposition universelle.* Paris, F. Alcan.

l'éducation, l'hérédité, comme hors de toute contestation.

Il n'est pas douteux, et personne ne conteste, que
l'utilité sociale, les intérêts matériels de la communauté, bien ou mal compris, n'aient eu une part et
joué un rôle dans la conception que chaque époque
s'est faite de la notion de justice et de son évolution à travers les âges. Mais la part contributive
des idées, des sentiments, des croyances, n'a pas
été moindre. Les utilitaires éclairés reconnaissent
d'ailleurs que les idées de justice, même ramenées
à l'origine exclusive qu'ils leur prêtent, prennent,
dans notre esprit, un autre caractère ; qu'elles
nous apparaissent, non comme des créations ordi-
naires de l'utilité, mais comme certaines catégories
de l'utile, plus absolues, plus impératives que les
autres ; qu'elles se présentent à nous, comme des
sentiments différents, en degré et en espèce ;
qu'elles doivent être distinguées enfin du sentiment moyen qui s'attache à l'idée simple du plaisir
et de l'utile, par la nature plus définie de leurs
commandements, et par le caractère plus sévère
de leurs sanctions [1].

Ces restrictions suffiraient pour justifier, dans le
domaine pratique du droit, la distinction que nous

1. Stuart Mill *L'Utilitarisme*, p 133-131. Paris, F. Alcan.

établissons entre la catégorie de l'utile, représentée par les intérêts nés des conditions positives de la vie, et celle du juste, formée des sentiments et des croyances fixés dans la conscience sociale. Les questions d'origine, quelle que soit leur importance pour le moraliste et le philosophe, ne s'imposent pas au législateur et au juriste, pour lesquels les idées de justice tirent toute leur objectivité de leur présence dans la conscience commune.

Ce qui distingue ces idées, à nos yeux, et sous le point de vue de l'histoire et du droit, c'est moins leur source première que leurs caractères propres S'il n'est pas permis de les ramener toutes à un principe général et abstrait, on peut au moins préciser et définir leurs traits les plus caractéristiques

Les signes principaux auxquels on peut le mieux les reconnaître sont : leur degré de certitude et de généralité, qui nous les fait apparaître comme des vérités inconditionnelles et absolues, indépendantes des contingences du fait; la grandeur et la force des intérêts qu'elles protègent, et l'intensité des sentiments qui s'y rapportent, qui font qu'elles ne sont pas seulement perçues intellectuellement, mais encore senties et fixées dans la conscience, sous la double forme du sentiment et de la croyance,

et qu'ainsi elles sont, en même temps que des
vérités intellectuelles, de véritables états de conscience; d'ou résulte qu'elles entraînent un devoir
d'observance plus étroit, une obligation qui est ou
paraît être de nécessité, et non pas seulement
d'utilité pure, de conformité au but, de simple
convenance.

On voit bien par là pourquoi on peut légitime-
ment, et on doit, selon nous, parler de conscience,
lorsqu'il s'agit de telles idées.

Le droit, presque tout entier, était réputé, au
début des sociétés, avoir une source divine. Les
idées de justice ont, les dernières, perdu cette origine pour devenir des sortes d'entités métaphysiques, qui paraissent à beaucoup avoir fait leur
temps. Mais la pensée moderne, en les dépouillant
de ce double attribut, fait encore, de ces idées, une
catégorie à part, parmi celles qui servent à régler
et garantir la vie sociale. Et c'est avec raison.

Un état de civilisation parvenu à un plus haut
degré de positivité dépouillera-t-il ces idées du
caractère absolu, au moins apparent, qu elles présentent, et de l'élément émotionnel qui les affecte
à un si haut degré? Nous ne le pensons pas, et il
ne paraît même pas que ce résultat soit désirable.
Car l'élément inconditionnel et absolu de ces idées,

et la réaction émotionnelle que la seule pensée de
leur violation provoque, reposent principalement
sur l'urgence et l'intangibilité des intérêts puissants
auxquels elles correspondent, et constituent les
motifs les plus importants de leur force morale et
de leur efficacité sociale.

Aucune société ne peut reposer sur des règles
de conduite qui seraient toutes provisoires, et
reconnues pour telles, et à chaque instant revi-
sables. Il faut, pour que sa stabilité soit assurée à
chaque époque, un certain nombre d'idées, de
principes fixes qui règlent et inspirent la vie commune. Et ce n'est pas une simple illusion ; car si
ces principes ne contiennent pas toute la vérité
sociale, et laissent à l'investigation scientifique son
libre cours pour la développer et l'amener à sa
pleine et entière réalisation, ils en sont au moins
une partie essentielle, et marquent, pour la plupart,
un degré vrai de l'évolution, une étape dans la
recherche et la manifestation progressives de cette
vérité.

La conscience commune, qui s'appauvrit dans un
grand nombre de directions de l'activité humaine,
à mesure qu'on s'éloigne des origines, s'agrandit
précisément du côté des notions morales et de
justice qui sont étroitement liées entre elles. Elle est

encore, il est vrai, moins homogène, même sous
ce rapport, que celle des peuples primitifs; mais
les divergences, si profondes qu'elles soient ou
qu'elles paraissent sur certains points, laissent
encore subsister un riche fonds commun. C'est ce
qu'on voit clairement si l'on compare : d'une part,
la pauvreté de l'idée de justice dans les temps primitifs, réduite à la réparation des torts les plus
grossiers, des agressions les plus violentes, ren-
fermée dans les groupes les plus étroits de la
famille ou de petites communautés et déniant
rigoureusement toute protection à l'étranger; et
d'autre part, cette même idée chez les peuples
civilisés, condamnant les plus minimes offenses,
les atteintes les plus légères à la personne de l'individu et à ses biens, sortant des cercles de la
famille et des groupements primitifs, pour s'étendre
à des communautés humaines de plus en plus
larges, et revêtant enfin, dans sa plus haute expression, un caractère assez vaste de généralité pour
embrasser l'humanité tout entière.

IV

L'ÉVOLUTION.

Le progrès des idées morales et de justice,
comme celui des conditions positives de la vie, est

le produit de l'évolution. Les sentiments collectifs et les croyances communes, que nous considérons lorsque nous parlons de la conscience sociale, ne sont pas les mouvements fortuits, désordonnés, tumultueux, de l'opinion populaire. Ce ne sont même pas les modalités précaires de la pensée collective, amenées par des circonstances accidentelles, ou même par des états sociaux régressifs de quelque durée. Les sentiments et les idées que nous nous sommes efforcé de définir, et dont il s'agit de préciser encore la genèse, sont ceux que le cours normal de l'évolution a développés et mis au jour. Ce sont les idées qui se sont fixées, par cette voie, dans la conscience sociale, qui s'imposent au législateur, et qu'il doit prendre en considération, pour faire œuvre légitime et durable.

L'évolution du droit est la pensée capitale des fondateurs de l'École historique; toutes les autres ne sont qu'accessoires par rapport à celle-là. C'est cette idée qui distingue profondément sa conception du droit, de toutes les théories du droit naturel, et qui ne permet pas de les confondre avec elle.

Ce principe de l'évolution est admis aujourd'hui par la presque universalité des historiens du droit. Il a été reconnu, après Savigny ou dans le même temps, par les plus marquants de ses contemporains, et lui a été, sans doute, inspiré à lui-même, pour une bonne part, par quelques-uns des plus illustres penseurs du siècle dernier. Il n'y a pas, comme le remarque Merkel, de différence essentielle, sous ce rapport, entre ses vues et celles de Hugo, d'Eichhorn, de Grimm, et même de Moser, de Montesquieu et de Burke [1].

Savigny n'en peut pas moins être considéré comme un précurseur, par la manière dont il a dégagé et formulé le principe, dans le domaine du droit, en opposant nettement l'évolution nécessaire des règles et institutions juridiques à la prétendue immutabilité du droit de la nature et de la raison Mais les tendances personnelles de Savigny ne lui ont pas permis de tirer, du principe qu'il avait posé, toutes les conséquences, ni même d'en avoir une pleine conscience.

L'évolution a deux faces : la continuité et la soli-

1. Merkel (dans *Grünhuts Zeitschrift*, t IV, p 3, v *supra* note 11) ajoute à ces noms, celui d Hegel. — Sans contester l influence qu Hegel a exercée sur le développement de l l cole historique, en facilitant à la philosophie même l acces aux nouvelles doctrines de l évolution, M de Greef remarque, avec raison, que cette école présentait l'idée évolutionniste d une manière beaucoup plus simple et plus vraie, en ne la soumettant pas aux tortures et aux amputations de la métaphysique et de la dialectique hégéliennes ,de Greef *Je transformisme social* p 199 Paris, F Alcan).

darité des états sociaux successifs, c'est la face de
la conservation ; le développement ultérieur et progressif de ces mêmes états, c'est la face du progrès.
Les dispositions ultra-conservatrices des fondateurs
de l'École leur ont fait fermer les yeux à la seconde.

Ce vice de leurs vues, cette conception unilaté-
rale du principe, ne leur sont pas demeurés propres.
Ils se manifestent encore aujourd'hui, en sens contraire, dans les théories des réformateurs absolus
de notre temps, qui ne considèrent que le développement progressif des institutions, en négligeant
les éléments de la continuité et de la solidarité
avec les états antérieurs, qui sont cependant une
condition indispensable de la marche progressive,
dans le domaine pratique. Ce vice est aggravé, chez
un grand nombre de ces écrivains, et en particulier dans les écoles socialistes, par l'association
à l'idée de l'évolution, de théories purement rationnelles et indépendantes de l'expérience et du
fait, qui sont incompatibles avec elle. Une étude
des institutions sociales, fondée sur l'évolution,
n'est complète et vraie que si elle embrasse, dans
une large synthèse, les deux faces du problème.

L'histoire de l'évolution des institutions et des
idées est celle des causes de leurs transformations
successives. C'est la recherche de la causalité dans

le développement de la vie sociale. Elle considère
le présent, comme n'étant, ainsi que le passé, qu'un
degré de l'évolution, et comme contenant, à ce
titre, le germe des mutations futures. Elle distingue les causes permanentes qui ont agi dans le
passé et qui se manifestent encore dans le présent,
des causes purement accidentelles, les forces frap-
pées de caducité et de mort, de celles qui sont vivantes, et génératrices d'effets nouveaux.

Ce sont ces forces vivantes qu'il s'agit surtout de
reconnaître. Le problème est difficile, et tous les
matériaux n'en sont pas encore prêts. L'histoire du
droit, sa dogmatique, l'éthnographie, et toutes les
sciences sociales, doivent y apporter leur contribution. Des travaux intéressants, dans cette voie, ont
été déjà tentés dans le domaine du droit.

L'évolution n'est peut-être marquée nulle part,
plus nettement. Elle est manifeste dans le droit
pénal, depuis les temps primitifs jusqu'à nos jours.
Elle est très remarquable, dans cette direction, en ce
que toutes les recherches historiques ont concouru à démontrer la régularité de sa marche et son
universalité, en en faisant retrouver les premiers
germes, chez des peuples qui ne nous étaient connus
d'abord, que dans des états de civilisation plus
avancés, et chez lesquels on ne les soupçonnait

même pas. L'évolution, dans cette branche du domaine juridique, est si bien établie qu'on peut dire qu'elle est devenue une sorte de lieu commun de l'histoire du droit.

La direction de l'évolution n'est pas moins évidente que le phénomène lui-même. Elle s'est faite dans le sens de la substitution de l'action régulatrice de l'autorité publique à la force privée et à l'action individuelle, d'une extension du domaine de la justice pénale dans l'ensemble de ses incriminations concordant avec le développement et la complexité croissante des rapports sociaux, et en même temps, d'un abaissement graduel des peines concourant avec l'adoucissement des mœurs et l'administration d'une plus exacte police. Il serait facile de trouver une marche aussi uniforme et générale des institutions juridiques, dans des directions moins connues, et notamment, encore au criminel, dans la procédure de preuve.

L'évolution n'est pas moins manifeste, sur un grand nombre d'objets importants de la législation civile, politique et religieuse.

Cette évolution est due, partout où elle se produit, au changement graduel des conditions de la vie, et aux états successifs de la conscience sociale. C'est ce qu'on voit clairement, lorsqu'on considère, dans l'ordre politique et religieux, les modifications apportées, dans le cours des temps, aux rapports entre l'État ancien et moderne, et l'Église, qui ont été si profondément changés, et qui ne sont pas sans doute parvenus encore au dernier stade de leur évolution Ces modifications ne sont pas dues uniquement aux changements dans les conditions de la vie, qui les ont seulement rendues possibles. Elles ont leurs racines plus profondes dans le progrès des lumières et l'avancement des sciences, et l'autonomie de la conscience sociale qui en a été la conséquence.

Les principes primordiaux de notre droit moderne, dans l'ordre civil et politique, la liberté individuelle, la liberté politique et civile, l'égalité devant la loi, la libre défense des accusés, la détermination légale des peines, et d'autres encore qui ne sont pas plus contestés, dérivent des mêmes sources ; et il serait assurément difficile aux esprits les plus prévenus, de nier, par exemple, l'influence qu'a eue la philosophie du xviiie siècle sur leur triomphe final dans notre législation. Ils avaient, avant d'entrer dans la loi, pénétré la conscience publique, comme des idées de justice, non de simple conformité au but,

Bentham peut combattre, au nom de l'utilité, et

poursuivie de ses sarcasmes, la Déclaration des
droits de l'homme. Il n'en démontre que mieux la
signification morale, toute différente, qu'avaient
les idées qu'elle consacre, dans l'esprit des hommes
qui les ont proclamées.

Mais quand bien même ces hommes se seraient
trompés, et auraient méconnu l'origine vraie de ces
idées ; quand ces principes ne seraient, comme le
veut Jhering, que le produit d'une conformité
au but, mieux reconnue, ou selon le langage
des utilitaires, des expériences d'utilité conso-
lidées, il n'en est pas moins vrai qu'ils auraient,
en se fixant dans la conscience sociale, revêtu
un autre caractère. Ils n'apparaissent plus, dans
ce nouvel état, comme des applications précaires
de l'utilité. Ils deviennent, aussi longtemps que
le progrès marche de pair avec l'évolution, des
acquisitions définitives de la conscience publique,
des vérités sociales.

L'évolution ne nous donne, il est vrai, à chaque
époque, que des vérités relatives. Mais il en est de
même de toutes les sciences, qui ne marchent que
par degrés vers la vérité absolue, sans qu'elles
puissent jamais être assurées de l'atteindre dans
toute sa plénitude. Chaque degré vrai de l'évolution est un progrès et un gain, par rapport à celui

qui le précède, de même qu'il est la condition nécessaire de celui qui le suit. C'est en ce sens qu'il
constitue, pour l'époque où il se produit, ce que
nous appelons une vérité.

Mais quels sont les degrés vrais de l'évolution?
Tous les phénomènes sociaux n'en sont pas des
produits normaux. Il n'y a pas seulement, dans
l'évolution, des temps d'arrêt nécessaires, ou
même des retours légitimes, lorsque sa marche a
été artificiellement accélérée par l'action arbitraire
du législateur, contrairement aux conditions externes de la vie et aux indications de la conscience
sociale. Il y a encore des mouvements inverses,
des régressions, des retours vers le passé, suscités
par les intérêts rivaux coalisés pour lui faire obstacle. On se demande dès lors à quel signe on dis-
tinguera les produits normaux de l'évolution, des
phénomènes contraires qui peuvent entraver sa
marche.

La solution de cette question peut offrir de
grandes difficultés, dans l'application, et donner
lieu à de profondes divergences entre les hommes
engagés dans les luttes politiques de chaque
époque, qui n'ont pas toujours la liberté d'esprit,
ni l'indépendance philosophique nécessaires pour
juger impartialement les événements qui se dé-

roulent sous leurs yeux. Elle trouve sa règle la plus sûre, en dehors des conditions contingentes du présent, dans la concordance de l'évolution vraie, dans chacune de ses manifestations particulières, avec le mouvement général de la civilisation.

C'est là le critérium qui permet le mieux de distinguer les manifestations régulières de l'évolution, des phénomènes anormaux qui la troublent, les forces productrices d'effets nouveaux dans l'avenir, des forces mortes qui constituent des régressions vers le passé ou de simples survivances.

Si l'on considère, en particulier, les idées de justice, les directions selon lesquelles se fait leur évolution, dans le monde moderne, sont manifestes dans leurs lignes principales. Ces lignes, qui concordent visiblement avec tout le progrès de la civilisation, se développent dans des directions qui sont, à ne prendre que les plus générales, pour l'observateur attentif et désintéressé : la plus grande liberté civile et politique ; l'égalité morale absolue ; une égalité matérielle plus grande, quoique toujours contenue dans les limites imposées par la liberté, la vie familiale et les conditions économiques de la production et de la conservation des richesses, fondements indestructibles de la propriété individuelle.

Tous ces traits généraux de l'évolution progressive de l'idée de justice et du droit, sont déterminés, au sein d'une communauté, par le développement graduel et la prépondérance croissante des sentiments de solidarité, d'aide et d'assistance mutuelles, résultant de la coopération de ses membres dans la poursuite des buts sociaux, et de la substitution, dans cette coopération, des formes de la liberté à celles de la contrainte, ou reside la marque la plus caractéristique du mouvement général de la civilisation et du progrès, dans les société humaines.

CHAPITRE II

L'ÉVOLUTION ET LE PROGRÈS

I

LA LUTTE POUR LA VIE
LA SURVIE DES PLUS APTES ET LA LOI D'ÉGALE LIBERTÉ.

Notre siècle, épris de la connaissance scientifique, et pénétré de la coordination et de la dépendance mutuelle des sciences entre elles, s'est efforcé de rattacher la théorie du progrès, dans les sociétés humaines, à celle du progrès dans les sciences de la vie. Une opinion très répandue, depuis un certain nombre d'années, parmi ceux qui se piquent d'apporter le plus de cette certitude et de cette rigueur dans les études sociales, proclame comme la cause déterminante du progrès des sociétés, la lutte pour la vie, qui a été signalée, et surtout mise en lumière, avec tant de puissance, par

Darwin, comme la cause et le véhicule du progrès dans le monde des plantes et des animaux, avec la sélection naturelle et la survivance des plus aptes, qui en sont, dans ce domaine, la conséquence nécessaire.

La concurrence vitale, dans cette théorie, n'est pas seulement l'un des modes d'adaptation des hommes entre eux et avec leur milieu ; c'est le mode rationnel et parfait selon lequel cette adaptation doit se faire. Elle n'est pas seulement l'une des causes déterminantes, dans le temps, du progrès social ; elle est la cause unique et permanente de ce progrès, dans tous les temps.

On célèbre cette lutte. On ne l'accepte pas seulement comme une nécessité qui nous est imposée par la nature des choses, dans une mesure variable selon les temps et les lieux, et a laquelle on pourrait être tenté de se soustraire. On en fait la loi par excellence du développement des sociétés ; et on proclame qu'il faut lui laisser ou lui procurer, en toutes circonstances, son libre cours, et surtout se garder de lui apporter les plus légers obstacles. On en exalte la beauté et les bienfaits, et c'est d'elle qu'on fait sortir, par une vertu miraculeuse, l'harmonie finale et naturelle de tout le monde économique et social.

La pauvreté des incapables, a dit Spencer, dans son livre de l'*Individu contre l'Etat*, la détresse des imprudents, le dénûment des paresseux, et cet écrasement des faibles par les forts qui laisse un si grand nombre dans les bas-fonds et la misère, sont le résultat d'une loi éclairée, bienfaisante [1].

Cette doctrine a un nom, déjà ancien, dans l'économie politique; c'est celle de la concurrence illimitée et sans frein, du *laisser passer* et du *laisser faire*. Appliquée a l'ensemble de la vie sociale, elle fait revivre, en la transformant, et sous une forme scientifique nouvelle, la vieille théorie de Hobbes, de la lutte de tous contre tous.

On peut citer, parmi les auteurs récents qui ont fait, sous des points de vue divers, la plus grande part à la lutte, dans l'étude de la sociologie et du droit : M. Gumplowicz dans ses ouvrages bien connus, et notamment dans sa *Lutte des races;* M. Novicow, dans les *Luttes entre sociétés humaines;* M. Vaccaro, dans les *Bases sociologiques du droit et de l'État;* M. Eleuthéropoulos, dans la première livraison d'un traité, auquel il donne pour titre, avec une louable franchise phi-

---

1. Spencer : *L'Individu contre l'État*, p. 101 (passage reproduit de sa *Statique sociale*).

losophique, *Le Droit du plus fort,* avec la devise :
Le droit est la volonté du plus fort[1].

C'est le principe même de la sélection et de la
survie des plus aptes, combiné avec la vieille
maxime de l'égale liberté, que Spencer donne
comme fondement de toute sa théorie du droit.

Il a développé ses idées sur ce sujet, dans son
livre de *Justice* qui, quoique publié depuis plusieurs
années, paraît avoir moins attiré l'attention que
ses œuvres précédentes.

La conservation de l'espèce, chez l'homme comme
chez les animaux, est, d'après Spencer, dans la loi
de la survie des plus aptes, et dans la relation que
cette loi implique entre la conduite et les résultats
qui en découlent Elle exige que tout individu puisse
recueillir librement tous les avantages et les in-
convénients inhérents à sa nature. C'est cette loi
qui, dans toute l'étendue du règne animal, assure
la prospérité et l'expansion des individus et des
espèces les mieux adaptés à leurs conditions d'existence. Elle s'applique aux êtres solitaires, sans
aucune autre limite que celle qui résulte de la
subordination et de l'assistance qu'entraînent

1. Gumplowicz. *La lutte des races.* — Novicow *Les luttes
entre les sociétés humaines* — M. A Vaccaro. *Les bases sociologiques du droit et de l'Ltat.* — A. Eleutheropoulos. *Das
Recht des Starken. Die Rechtlichkeit* Zurich. C. Schmidt, 1897.

nécessairement la faiblesse du jeune âge et l'éducation de la progéniture.

Elle implique une autre restriction pour les êtres vivant en commun. Elle veut que les actes par lesquels chacun recherche des avantages, ou s'efforce d'éviter des dommages, conformément à sa nature, soient restreints par la nécessité de ne pas mettre obstacle aux actes analogues de ceux qui vivent avec lui en commun. C'est la condition indispensable de l'existence et de la durée de l'association; elle est impérative pour tous ceux qui veulent s'en procurer les bienfaits.

Ces deux lois qui s'appliquent, la première à tous les êtres quelconques, la seconde à tous les êtres sociaux, s'affirment de plus en plus, à mesure que l'évolution s'élève, et trouvent dans la société humaine leur suprême et plus haute manifestation. Chaque homme doit, d'après la première de ces lois, recueillir librement les résultats, favorables ou défavorables, de sa nature, et de la conduite qui en découle, de manière à ne pouvoir, ni être privé des efforts avantageux de ses actions, ni se décharger sur autrui de leurs conséquences fâcheuses. La seconde exige qu'en accomplissant ainsi les actions par lesquelles il assure et développe sa vie, et en en retirant les fruits bons ou mauvais, chacun s'assu-

jettisse aux restrictions qu'impose l'accomplissement d'actes semblables de la part des autres qui,
comme lui, ont droit à recueillir les résultats de
leur conduite.

Cette seconde loi, qui n'est qu'une forme spéciale
de la première, dans son application à l'état de
société, contient et résume toute l'idée de justice.

Cette formule de la justice, énoncée déjà par
Spencer, dans sa *Statique sociale,* se résout, en
définitive, dans la reconnaissance de la liberté de
chacun limitée par la liberté de tous, dans la loi
d'égale liberté. C'est la loi de Kant, c'est la maxime
de la coexistence du droit naturel, retrouvée par
Spencer dans une autre voie. Kant l'énonce comme
une exigence *a priori,* en faisant abstraction de
toute fin utile. Spencer la déduit des conditions de
la vie en général, et de l'existence et de la conservation de la vie sociale.

Spencer traite successivement, dans une série
de chapitres, de l'intégrité et de la liberté phy-
siques, du droit à l'usage des milieux naturels et
du droit de propriété, des dons et legs et du droit
héréditaire, du contrat, de la liberté du travail, de
la liberté des croyances et des cultes, de la liberté
de la pensée, et de ses divers modes de manifestation, du droit des femmes et des enfants, et enfin

de l'État et de ses rapports avec l'individu. Il
s'écarte peu, dans la détermination de ces droits,
des doctrines courantes sur les principales institutions juridiques. Son originalité consiste dans les
inductions par lesquelles il les rattache toutes, à
l'exception du droit de famille et des rapports des
parents avec les enfants, à son unique principe.
Ce lien est relativement facile à établir, lorsqu'il
s'agit des droits de la personne. Mais ou sa fragi-
lité apparaît, c'est dans la discussion des autres
droits, et notamment de la propriété et du droit
héréditaire. Il faut lire les chapitres relatifs a
l'usage des milieux naturels et du droit de propriété, pour voir avec quelles difficultés il parvient
à les établir, et combien est timide sa conclusion
que le droit de propriété, par son origine, « est
susceptible de se rattacher a la loi d'égale liberté ».
Et encore n'arrive-t-il à ce résultat qu'a l'aide de
la fiction d'un domaine éminent qui appartiendrait
à la communauté sur la totalité du sol. Mais c'est
là une base bien fragile pour une telle institution.

La propriété et l'hérédité, comme toutes les
autres institutions nécessaires, ne se ramènent pas
à la seule loi de la concordance entre la conduite
et les résultats, et de l'égale liberté; elles trouvent
leurs indestructibles fondements dans l'ensemble

des conditions économiques et morales de la vie sociale.

La conception de Spencer, des rapports de l'individu et de l'Etat, déjà développée par lui dans un précédent ouvrage, diffère peu, au fond, de celle à laquelle la maxime de la coexistence a conduit Humboldt. L'Etat n'a que des fonctions de police et de justice ; il n'a d'autre mission que de garantir les citoyens contre toute agression, intérieure ou extérieure. Il n'a qu'à protéger le libre exercice des activités individuelles, sans exercer aucune autre intervention que celle qui peut résulter de l'emploi des divers modes d'action nécessaires pour assurer cette protection, parce que son ingérence, étendue au dela de ces limites, detruirait la loi d'égale liberté et le rapport normal qui doit toujours exister entre la conduite et les résultats [1].

Prise en elle-même, la loi d'égale liberté n'a pas d'autre valeur que la maxime de la coexistence de Kant, que nous avons discutée au début de cette étude. C'est une formule qui prête aux mêmes critiques ; elle est, comme elle, toute formelle, et vide de contenu. Elle dérive, il est vrai, chez Spencer, de la loi de la survie des plus aptes, qui la domine, et dont elle n'est qu'un

1. Herbert Spencer. *Justice.* Paris 1893.

corollaire. Mais il s'agit précisément de savoir si cette loi, qui régit l'animalité, s'applique à l'homme vivant en société, et dans quelle mesure.

Elle règne, sans conteste, et agit sans obstacle dans le monde animal. On peut admettre encore qu'elle a eu une action, quoique moindre, dans les populations primitives, chez les sauvages et les barbares. Mais son influence diminue et devient de moins en moins sensible avec le progrès de la civilisation, dont les œuvres sont autant d'obstacles à son plein développement.

La sélection et la lutte pour la vie sont le jeu de la force brutale; et le but de la civilisation est précisément d'en corriger les effets. En entendant préconiser leur application aux sociétés humaines, on ne peut s'empêcher de songer à ces docteurs du vieux droit naturel, qui imaginaient un âge primitif dans lequel l'homme, à l'état de nature, avait formé une société parfaite et idéale, âge d'or, dont un funeste aveuglement aurait seul éloigné l'humanité dans les temps passés.

C'est à une illusion du même genre, quoique toute contraire et assurément beaucoup moins grossière, que nous paraissent s'abandonner Spencer, et plus encore, les récents adeptes, plus intransigeants, de la sélection et de la lutte pour

la vie, lorsqu'ils s'efforcent d'appliquer à la société
humaine les lois de la force brutale qui régissent
l'animalité, et qu'ils considèrent le progrès, comme
résultant du jeu rigoureux de ces lois, alors que
l'avancement des lumières et le développement de
la civilisation doivent précisément avoir pour but
et pour effet de restreindre, dans la plus large
mesure, le champ de leur application.

C'est ce que nous nous proposons d'établir ici, par
une discussion plus approfondie du principe darwi-
nien de la lutte pour la vie, et des conséquences
excessives qu'on en a tirées, dans son application
aux sociétés humaines.

II

LA LUTTE POUR LA VIE
ET L'ASSOCIATION DANS LES SCIENCES NATURELLES.

La science sociale, en s'emparant, dans les
sciences naturelles, de l'idée de la concurrence
vitale, n'a fait que reprendre à celles-ci une
conception qu'elles lui avaient elles-mêmes emprun-
tée. Darwin, avec une rare modestie, nous a appris
que, bien que des études spéciales l'eussent pleine

ment préparé à l'élaboration de son système, la première idée de la lutte pour l'existence lui était venue de l'heureux hasard qui avait mis entre ses mains l'*Essai sur la population,* de Malthus.

Dans ses recherches sur la population, Malthus décrit en effet, sans prononcer le mot, le combat pour l'existence, qui résulte, dans la société humaine, des deux phénomènes concurrents, de l'accroissement illimité de la population, et de l'accroissement limité des subsistances. Il en montre les effets avec une grande abondance et une grande variété d'aperçus; et il conclut que chaque individu doit se maintenir dans un état de lutte incessant, pour se conserver et assurer sa position au regard de tous les autres[1].

Adopté par un grand nombre d'économistes en dehors même de toute adhésion aux idées spéciales de Malthus, comme le régulateur le plus parfait, en même temps que le ressort nécessaire de l'activité économique, le principe de la concurrence vitale devait prendre une nouvelle faveur, après le rôle éminent que Darwin et ses successeurs lui assignaient dans les sciences de la vie.

---

1. Lettre de Darwin à Haeckel, reproduite par ce dernier, dans son *Histoire naturelle de la création,* et dans O Schmidt, *Descendance et darwinisme,* p 113. Paris, F. Alcan.

Par une généralisation systématique, les successeurs de Darwin, plus que lui-même, et surtout nombre de philosophes et de sociologues à leur suite, ont voulu faire de la lutte l'indice unique et exclusif du progrès, dans les sociétés humaines, comme dans le monde des plantes et des animaux.

Une généralisation aussi absolue peut paraître *a priori* excessive. Comme le remarque M Metchnikoff, dans son livre sur *La civilisation et les grands fleuves historiques*, la sociologie est a la fois dépendante et indépendante de la biologie : dépendante, en ce qu'elle étudie les étapes supérieures d'une série progressive qui, des phénomènes chimiques, s'élève, sans solution réelle de continuité, jusqu'a ceux de la vie sociale ; indépendante, en ce qu'elle s'étend sur un domaine spécial de problèmes trop compliqués pour que leur solution scientifique soit possible, sans l'énoncé d'un principe plus synthétique et le secours d'un critérium nouveau [1]. C'est la même pensée qu'exprime très bien encore M. Espinas, dans ses *Sociétés animales*, lorsqu'il dit que la biologie et la sociologie s'accompagnent, pendant quelque temps, l'une sortant de l'autre comme une branche parallèle au

1. Metchnikoff, *op cit.* p. 13.

rameau qui doit les dépasser. La biologie offre, à l'état de faibles linéaments, les phénomènes que l'animalité d'abord, puis l'humanité, nous montrent sous une forme plus accusée. Mais la connaissance humaine veut des limites entre ses diverses provinces, quelque incertaines qu'en soient souvent les frontières [1].

Des distinctions nécessaires doivent être faites. Elles s'imposent, pour la question qui nous occupe, dans les deux provinces voisines, mais distinctes, de la biologie et de la sociologie. Elles ont été d'ailleurs reconnues, au moins en partie, par Darwin lui-même, moins préoccupé que ses successeurs d'étendre son système au delà de ses limites naturelles.

Mais en nous restreignant même à la question préliminaire du progrès biologique, et sans vouloir empiéter sur un domaine dans lequel les juristes ne peuvent marcher que d'un pas mal assuré, nous devons signaler d'abord les restrictions que les travaux les plus récents de savants naturalistes ont apportées à la thèse absolue du progrès par la concurrence vitale. Cette thèse ne montre qu'une des faces de la vie; elle en laisse une autre dans l'ombre.

1. A. Espinas. *Des Sociétés animales*, p 219

La lutte n'est pas, pour ces naturalistes, le seul facteur du progrès, même biologique. Il en est un autre qui coexiste déjà avec lui aux degrés les plus bas de l'animalité, mais dont la valeur grandit progressivement lorsqu'on remonte, de degré en degré, vers les formes supérieures de la vie. Cet élément nouveau est l'association, la solidarité des êtres vivants, dans leurs parties composantes, et de ces mêmes êtres entre eux. Cet autre facteur du progrès qui oppose à la lutte un phénomène contraire, la limite, en en restreignant le champ et en en modifiant les effets; et son action s'accroît à mesure qu'on s'élève dans l'échelle de la vie, et trouve sa plus haute expression dans l'homme et le développement des sociétés humaines.

M. Espinas, qui ne peut être rangé parmi les naturalistes, mais qui s'est largement inspiré de leurs travaux, montre que, loin que la lutte pour l'existence, l'écrasement de l'individu, soit la caractéristique de la vie, dans les limites d'un même corps et d'une même société, c'est le concours des individus qui les composent, qui en est la première condition et le caractère dominant.

L'idée d'une société est celle d'un concours permanent que se prêtent, pour une même action, des êtres vivant séparés. Elle se vérifie dans toute la

série animale, qui se compose surtout de types
sociaux, à commencer par l'individu lui-même. Si
l'on excepte les êtres vivants les plus infimes,
tous les animaux sont, à des degrés divers, des
sociétés ou des éléments de sociétés. Aucun fait
biologique n'est mieux démontré que la compo-
sition de l'individu. Tout individu est un agrégat,
un groupement de cellules ou d'autres éléments
organiques vivants, et constitue déjà par là un
genre particulier de société. C'est un corps orga-
nisé, c'est-à-dire fait de parties, dont chacune con-
court, par une genre particulier d'action, à la conservation du tout. Il en est de même de tous les
corps sociaux.

Le concours qui les caractérise se réalise chez
tous, sous l'impulsion de forces diverses, à mesure
qu'on s'élève du commencement de la vie vers ses
degrés supérieurs. Accompli d'abord sous l'influence de forces physico-chimiques, ou purement
physiologiques, il s'opère ensuite, non moins réel,
mais plus mobile et plus libre, sous l'action de
forces proprement psychologiques résultant de
penchants et d'attraits de plus en plus prononcés[1].

Des idées toutes semblables sont exposées par
un naturaliste anglais, M. Geddes, dans une

1. Espinas, *op cit*, p 157, 527.

discussion plus technique, ou il expose l'état
actuel de la controverse qui s'est élevée récemment
sur le darwinisme et sa théorie exclusive du progrès animal par la lutte pour l'existence et la sélection naturelle.

Le progrès morphologique le plus considérable,
dans le développement de la vie animale, a été dû
directement à la coopération, non à la lutte.

L'accroissement de l'activité reproductrice qui
crée le mammifère et marque les étapes essentielles des progrès ultérieurs, l'augmentation des
soins des parents, la fréquente apparition de la
sociabilité qui, même dans les formes les plus
grossières, assure d'une façon si certaine le succès
des espèces qui y sont parvenues, tous ces phénomènes de la survivance du plus apte, par le sacrifice
et la coopération, exigent une bien plus grande
place qu'ils n'en pourraient obtenir dans l'hypothèse du progrès essentiel des espèces par la lutte
intestine des individus pour la subsistance.

Chacun des plus grands pas du progrès est en
réalité associé, dans le monde animal, à un accroissement de subordination de la concurrence individuelle
à des fins reproductrices et sociales, et de la concurrence interspécifique à l'association coopérative.

Le progrès correspondant dans l'histoire et les

sociétés humaines, depuis le sexe et la famille, jusqu'à la tribu ou la ville, la nation et la race, devient de plus en plus apparent. La concurrence et la survivance du plus apte ne sont jamais complètement éliminées, et reparaissent, à chaque nouveau niveau, pour y produire la prédominance du type supérieur, le plus complet et le mieux associé. Mais ce service ne nous oblige pas à considérer ces actions comme le mécanisme essentiel du progrès, à l'exclusion pratique des autres facteurs desquels dépend la victoire, comme l'économiste et le biologiste se sont souvent induits réciproquement à le faire. Car nous voyons qu'il est possible d'interpréter l'idéal du progrès moral par la sociabilité, non comme une utopie, mais comme l'expression la plus élevée du procès évolutif du monde naturel. L'idéal évolutif est, à la vérité, un Éden ; mais bien que la concurrence ne puisse jamais être entièrement éliminée, et que le progrès doive ainsi toujours approcher de son idéal sans jamais l'atteindre, c'est déjà beaucoup, pour notre histoire naturelle, de reconnaître que la loi finale de la création est, non la lutte, mais la coopération [1].

1. P. Geddes et J. Thomson, *L'Evolution du sexe.* Paris 1893, p. 423 et s.

Ce sont ces mêmes questions de sociologie et de biologie, de philosophie générale et d'histoire naturelle comparées, que M. Edmond Perrier, qui est d'ailleurs un des partisans les plus convaincus du transformisme, examine dans un de ses plus importants ouvrages.

Dans son livre sur les *Colonies animales,* après avoir amplement exposé, dans une discussion approfondie, les conditions et les causes de la formation des organismes, l'auteur rapproche cette formation de celle des sociétés humaines, et émet des vues qui ne diffèrent guère, pour le fond, de celles de MM. Geddes et Espinas. L'auteur reconnaît pleinement l'existence et les effets de la concurrence vitale, dans le monde animal, et de la sélection naturelle qui en résulte, et il leur fait une large part. Mais il montre, en même temps, que le succès dans cette lutte, qui peut paraître un moment l'effroyable justification de la bataille des appétits et du triomphe de la force, a été en réalité le privilège d'associations dont nos sociétés humaines ne représentent que le dernier terme, dans lesquelles, à des liens matériels et exclusivement physiologiques et inconscients, sont venus s'ajouter des liens intellectuels dont nous avons chaque jour une plus nette conscience. Les sciences natu-

relles ne nous enseignent pas seulement la lutte
pour l'existence ; elles nous font voir le succès
dans cette lutte, le progrès, dans la puissance de
l'association, qui est la loi même, la condition inéluctable de la durée et du progrès de tous les êtres
vivants [1].

III

LA LUTTE POUR LA VIE DANS LES SOCIÉTÉS HUMAINES.

Nous avons consulté jusqu'ici les naturalistes
pour suivre, sur leur propre terrain, les auteurs
qui, assimilant le progrès social au progrès biologique, tirent de leur étude des sciences naturelles
des conclusions excessives et non justifiées. Mais,
quelque secours que les sciences naturelles puissent
offrir à la science sociologique, par les analyses et
les comparaisons qu'elles suggèrent, il ne faut pas
en exagérer l'importance Ce ne sont toujours que
des comparaisons, des analogies, et souvent de
simples manières de raisonner, décevantes et fac-
tices.

Il y a, entre les deux ordres de faits, biologiques
et sociaux, à côté des ressemblances, des diffé-

1. F Perrier. *Les Colonies animales et la formation des
organismes.* Préface, et p 781 et s

rences profondes. Les emprunts qui se font des uns
aux autres, les déductions qu'on en tire, sont souvent trompeurs ; et c'est, en dernière analyse, dans
l'étude des conditions spéciales propres à la formation et à la croissance des sociétés humaines, et
dans les dissemblances, aussi bien, sinon plus
encore, que dans les ressemblances qu'elles présentent avec la formation des organismes et des
sociétés animales, qu'il faut rechercher les causes
véritables du progrès humain.

Les dissemblances entre ces deux ordres de faits
sont considérables, en ce qui concerne précisément la lutte pour la vie et la sélection qui en est
la conséquence. Déjà, à ne considérer que l'homme,
pris isolément et comme individu, Wallace a remarqué que, par sa seule faculté de se vêtir et de
se faire des armes et des outils, l'homme a enlevé
à la nature la puissance, qu'elle exerce pleinement
sur les animaux, de modifier sa forme et sa structure. Ceux-ci, pour pouvoir vivre, doivent subir,
dans leur structure, leur constitution physique,
leurs mœurs, des modifications conformes à celles
de leur milieu. L'homme atteint le même but, au
moyen de son intelligence, qui lui permet de se
maintenir en harmonie avec le monde extérieur,
sans changer sa propre constitution. Ce sont les

instincts sociaux et sympathiques, les facultés
morales et intellectuelles, que la sélection naturelle a surtout développés et perfectionnés chez
l'homme primitif; elle a cessé, semble-t-il, d'avoir
sur lui une influence appréciable, dès le moment
où ces instincts et ces facultés ont atteint chez lui
tout leur développement.

En ce qui concerne les nations civilisées, il ne
paraît pas possible de soutenir que ce soit la lutte
pour la vie qui assure aujourd'hui leur marche
progressive; et, s'il y a définitivement dans ces sociétés, comme on peut le constater, un progrès
permanent régulier, il doit être attribué à d'autres
causes. Darwin lui-même, beaucoup plus circons-
pect que ses trop enthousiastes disciples, s'appro-
prie ces idées, ainsi que celles de MM. Greeg et
Galton sur le même sujet. Il reconnaît que la sélection naturelle semble n'exercer qu'une action très
secondaire sur les nations civilisées[1].

Les différences qui séparent, au point de vue de
la concurrence vitale, le règne animal et les sociétés humaines, ne peuvent être méconnues. Nous
avons vu que la lutte pour la vie n'est pas l'unique

---

1. Darwin. *La descendance de l'homme et la sélection
sexuelle*, p. 137 et s. — Cf sur le même sujet, de Greef. *Le Transformisme social*, p 231 et s. Paris, F. Alcan

indice du progrès, même biologique. Mais à supposer qu'elle ait, en réalité, ce caractère, et qu'elle
constitue, à elle seule, la loi que la nature a imposée au progrès animal, elle ne pourrait être, en
même temps, la loi *naturelle* du progrès humain,
parce que la lutte est conditionnée et dominée,
dans l'humanité, par un milieu artificiel qui est
l'œuvre, *non de la nature,* mais de l'homme.
Tandis que la lutte animale se poursuit entre des
individus pareils et tels que la nature les a faits, et
n'est influencée que par leurs qualités propres et
personnelles, et par le milieu physique dans lequel
ils vivent, elle s'engage, dans les sociétés humaines,
entre des individus dissemblables, pourvus, en
dehors de toute supériorité naturelle, d'avantages
résultant du milieu social où ils sont placés. Le
milieu naturel, qui pouvait régler, en grande
partie, les conditions de cette lutte, dans les temps
primitifs, n'a plus qu'une action, à peu près nulle,
chez les peuples parvenus à un certain degré de
civilisation. L'influence décisive est celle du milieu
social. Or, il n'y a aucun motif pour affirmer, *a
priori,* que la concurrence vitale et la sélection
artificielle qui peut en résulter, soient favorables
au progrès, par elles-mêmes, et quel que soit le
milieu dans lequel elles se produisent.

C'est cependant ce postulat qui est impliqué dans le système de ceux qui préconisent, en économie politique, la loi absolue du laisser passer et du laisser faire, ou de ceux qui, avec Spencer, prohibent toute intervention de l'État dans la réglementation de l'œuvre sociale, en dehors de ce qui est strictement nécessaire pour assurer le libre exercice des activités individuelles concurrentes. Ces systèmes impliquent, en réalité, que la sélection artificielle qui résulte de la lutte est une cause de progrès, par elle-même, dans n'importe quel milieu donné.

Mais, tout au contraire, le progrès, dans les sociétés humaines, dépend d'abord et essentiellement, de la nature du milieu ; la concurrence vitale et la sélection artificielle n'ont qu'une influence subordonnée.

L'erreur fondamentale du système qui applique la loi de la concurrence vitale et de la survivance des plus aptes aux sociétés humaines, a dit M. de Laveleye, est dans l'idée superficielle et fausse que, si l'on proclamait le régime du laisser passer et du laisser faire, les prétendues lois naturelles gouverneraient l'ordre social. On oublie que les individus agissent tous sous l'empire d'institutions politiques et administratives, et des lois qui règlent la

propriété, l'hérédité, la proscription, et tous les
rapports sociaux, de quelque nature qu'ils soient.
Pour que les lois naturelles, et surtout celle de la
survie des plus aptes, règnent dans les sociétés
humaines, il faudrait détruire d'abord cet immense
édifice de législation, et retourner à l'état sauvage
ou vivaient probablement les hommes primitifs, à
la façon des animaux. Ceux qui, comme Spencer,
Haeckel, veulent que la loi de la sélection naturelle
soit appliquée à de telles sociétés, ne voient
pas que le règne animal et l'organisation sociale
sont des milieux complètement dissemblables, et
où, par conséquent, la même loi ne peut avoir que
des effets différents. Parmi les animaux, chaque
individu se fait sa destinée à raison de ses aptitudes.
Parmi les hommes, la destinée de chacun est déterminée en partie par les avantages qu'il obtient ou
qu'il hérite de ses parents. Le principe que l'on veut
appliquer est que la société est régie par des lois
naturelles auxquelles il suffit de donner un libre
cours, pour amener la plus grande somme possible
de prospérité et de bonheur. Certes, la société
humaine étant comprise dans ce que nous appelons
la nature, obéit aux forces naturelles. Mais les
institutions et les lois qui régissent l'acquisition et
la transmission des biens, sous leurs formes di-

verses, et toutes les lois civiles et pénales, émanent
de la volonté de l'homme et des décrets du législateur, qui peut les abolir ou les modifier, si l'expérience ou une notion plus élevée de justice lui
montrent qu'elles doivent être changées. Quant à
la loi darwinienne du plus apte, il est impossible
de la faire régner parmi les hommes, sans anéantir
toutes ces institutions, d'une façon plus radicale
que ne le rêvent les plus extrêmes nihilistes[1].

La sélection produite par la lutte, soit des animaux, soit des hommes, n'est, en définitive, qu'un
des modes de l'adaptation de l'individu à son milieu. Mais cette adaptation, qui n'est chez l'homme
que le résultat d'une sélection, non naturelle mais
artificielle, peut être une cause de rétrogradation,
aussi bien que de progrès, suivant la nature du milieu. Elle sera une cause de progrès, si ce milieu est
favorable; elle sera une cause de rétrogradation, si
le milieu est hostile.

Il en serait ainsi, même pour les animaux, si on
suppose que des individus d'une certaine espèce,
moins bien pourvus d'avantages que leurs rivaux,
au lieu de succomber dans la lutte qu'ils soutiennent
avec eux, sont amenés à émigrer dans un milieu

---

1. E. de Laveleye. *Le Socialisme contemporain*, 9e éd Appen-
dice. L'État et l'individu, p. 375 et s. Paris, F. Alcan.

naturel moins favorable. Ces animaux, ainsi trans-
portés dans une autre aire, s'adapteront à leur milieu nouveau. Mais cette adaptation même pourra
les réduire à un type inférieur à celui qui leur ap-
partenait dans le milieu d'ou ils ont été chassés, et
sera devenu ainsi, pour eux, une cause de rétrogradation, non de progrès.

Ce n'est donc pas la lutte, qui est seule, et par
elle-même, une cause de progrès : elle n'en est
qu'un des facteurs, dont l'influence est subordonnée
à l'influence du milieu.

La lutte, en tant qu'elle exprime le conflit des intérêts privés et des activités personnelles concurrentes, ne pourra jamais être supprimée. Elle est
une conséquence inévitable de l'exercice même de
ces activités, et de la vie individuelle qui aura toujours une part prépondérante dans l'ensemble de la
vie sociale. Mais cette lutte n'est pas la lutte *naturelle* du monde animal. C'est une lutte *artificielle*,
qui n'est pas seulement conditionnée par tout le
milieu social, mais qui peut être encore réglée, d'une
manière plus directe, par la loi ou la coutume. Elle
l'est, quoique d'une manière très imparfaite, même
dans nos sociétés actuelles, par certaines dispositions légales, et notamment par celles qui prohibent,
par exemple, la violence, la tromperie, la fraude.

On ne peut prétendre que ce règlement soit le dernier mot de la sagesse humaine, et que rien ne peut y être ajouté. Cette lutte doit souffrir, au contraire, toutes les limitations qui, sans porter atteinte aux sources des énergies individuelles, sont de nature à les faire tourner au plus grand profit de la communauté, à la plus grande coopération sociale.

Les sociétés les plus parfaites ne sont pas celles dans lesquelles la lutte intestine entre les individus est la plus intense et la plus rude. Ce sont celles ou le milieu social, les lois, loin d'exaspérer la lutte, la limitent, la règlent et en tempèrent les effets, où les membres de la communauté, loin d'être opposés les uns aux autres, dans un conflit universel et permanent, sont le mieux associés entre eux pour le plus grand nombre de leurs buts communs, et le mieux conciliés dans le libre exercice de leurs activités propres.

IV

LE PROGRÈS. — SON INDICE LE PLUS GÉNÉRAL.

Si on considère l'ensemble de l'évolution de la vie sociale, à laquelle l'évolution du droit est intimement liée, on doit reconnaître que l'indice le plus général du progrès humain consiste dans le plus large et libre développement de la vie individuelle et collective qui résulte, à la fois, de sa croissante hétérogénéité, et de la substitution des formes de la liberté à celles de la contrainte, dans l'exercice des activités individuelles et la coopération sociale.

L'histoire de la civilisation est l'histoire de l'affranchissement de l'individu des servitudes du passé, et du passage graduel de la coopération imposée par la voie de l'autorité ou par la force, à la coopération volontaire, accompagné d'un état croissant d'hétérogénéité dans la vie individuelle et sociale.

Cette coopération, qui est le phénomène le plus saillant de l'évolution économique et politique, revêt des formes différentes, et passe par des phases diverses, selon les temps.

Les formes diverses qu'elle prend correspondent aux modes multiples de l'exercice des activités individuelles, isolées, combinées, ou associées. Tous ces modes de l'action s'exercent simultanément, dans des proportions variables, aux divers stades de l'évolution. Ils ont une valeur et une efficacité plus ou moins grandes, selon les buts à réaliser; mais ils sont tous également nécessaires, et ne

peuvent être suppléés les uns par les autres, parce
que chacun d'eux est et demeure le mieux approprié à l'accomplissement de certaines tâches sociales.

L'exercice des activités individuelles concurrentes, auquel la lutte, telle que nous l'avons définie, est inévitablement liée à des degrés divers,
est souvent, aussi bien que l'association et le travail
combiné, une des formes de la coopération sociale,
quoique avec des caractères différents.

Les activités individuelles qui s'exercent librement
dans des fins d'intérêt privé, ne soutiennent pas
seulement entre elles une lutte qui ne peut être
évitée ; elles engendrent en même temps, par leur
exercice même, une production et un échange in-
cessants de richesses ou de services de toute nature,
et constituent ainsi, dans leur ensemble et leurs
résultats, par rapport à la société tout entière, une
sorte de coopération qui, pour n'être pas concertée,
n'en est pas moins réelle que la coopération directe
résultant de la poursuite de buts communs, dans
des fins d'intérêt public. Cette coopération indirecte
et spontanée, joue un grand rôle dans les sociétés
organisées, et son action, loin de s'affaiblir, s'étend
et s'accroît avec le développement de la civilisation,
en même temps que les formes de la coopération

résultant de l'association ou du travail combiné.
Elle se manifeste principalement, avec son double
caractère de la concurrence privée entre les individus, et du concours, simultané, quoique non dé-
libéré, à des fins d'intérêt public, dans le domaine
de l'activité industrielle et commerciale. Les tra-
vailleurs concurrents poursuivent chacun directement, dans la lutte, leurs avantages propres ; mais
ils coopèrent, en même temps, indirectement, au
bien de la communauté, en procurant le plus grand
developpement du commerce et de l'industrie.

L'erreur de l'ancienne économie politique a été
d'exagérer, dans ce double phénomène, les effets
et les bienfaits de la lutte, et de ne pas considérer
assez la part finale de coopération sociale qui doit
en résulter ; ou plutôt, c'est de voir la plus parfaite
coopération, dans le laisser faire absolu, dans la
lutte, sans règle et sans frein, et de faire sortir
de ce conflit anarchique des intérêts privés, toute
l'organisation du travail, par une sorte d'harmonie
préétablie, que le législateur doit se garder de
troubler par aucune intervention.

La lutte qui procure une coopération vraie n'est
pas la lutte brutale pour l'existence, qui arme les
forts contre les faibles et supprime impitoyablement
les seconds au profit des premiers. C'est la lutte

pacifique, qui entretient l'émulation nécessaire à l'homme dans l'accomplissement de ses œuvres ; c'est la concurrence loyale, instituée dans les conditions d'égalité les plus grandes possibles, et contenue dans de justes limites, par la coutume et par la loi.

Une autre erreur de cette école, qui a la même source, et procède de la même et excessive défiance de l'action régulatrice de la loi, est de ne pas apprécier à sa juste valeur le rôle de la coopération directe, légalement instituée pour des fins d'intérêt public, de ne la reconnaître que dans les institutions politiques, et de l'exclure entièrement, pour la réalisation des autres buts communs que le libre exercice des initiatives individuelles ne suffit pas à remplir.

La coopération sociale, soit qu'elle se réalise par l'exercice des activités individuelles, concurrentes, combinées, ou associées, passe par diverses phases.

V

LA DIVISION DU TRAVAIL ET DES FONCTIONS. COOPÉRATION HOMOGÈNE ET COOPÉRATION HÉTÉROGÈNE.

La coopération est simple et élémentaire, dans les sociétés primitives. Elle est à peu près la même chez tous les membres de la communauté. Chaque individu construit sa demeure, fait ses vêtements, fabrique ses armes, se procure ses moyens d'existence, pourvoit seul, en un mot, à la plupart de ses besoins. L'association n'a guère alors d'utilité, et ne se manifeste, par une action commune, que pour les besoins de la défense contre un milieu naturel hostile, ou contre les ennemis de l'extérieur. Les liens de l'association sont, sous les autres rapports, lâches et peu résistants. Chacun vaque de son côté, aux mêmes occupations, aux mêmes travaux, sans rien demander ni devoir à autrui.

La pensée est commune, comme l'action. Tous les membres de la communauté partagent les mêmes sentiments et les mêmes idées mêlées le plus souvent de croyances superstitieuses, mais fortement imprimées dans tous les esprits. C'est l'époque ou la conscience collective a le plus d'universalité et d'homogénéité, et où les mêmes manières de penser et de sentir se font reconnaître chez tous.

Mais cette parfaite homogénéité de la pensée et de l'action cesse bientôt.

L'accroissement de la masse sociale, le contact avec les communautés voisines, le progrès intellectuel, si rudimentaire qu'il soit, l'industrie et le commerce naissants, les inventions nouvelles, et en un mot toutes les causes internes ou externes qui agissent, avec plus ou moins d'intensité, au sein de la communauté, amènent une différenciation croissante entre les individus. Cette différenciation est double, politique et économique, dans les fonctions et le travail.

La différenciation politique se manifeste habituellement, a l'origine, par la désignation de chefs, investis d'abord de pouvoirs temporaires, qui se consolident généralement par la suite, en pouvoirs héréditaires, pour la défense ou l'attaque, pour organiser la résistance à une invasion, pour conduire une expédition a l'intérieur.

Cette differenciation, qui donne naissance aux dominations despotiques les plus absolues, se développe et se complète le plus souvent, par la création d'une aristocratie de gouvernants, sous la suprématie du chef, et par la séparation des fonctions et le partage des avantages qui en découlent entre ces gouvernants, plus ou moins hiérarchisés et subordonnés les uns aux autres.

En ce qui concerne le travail proprement dit, une première division naturelle se fait, dans les sociétés les plus primitives, et avant même la constitution de la famille, par la différence des sexes, entre les hommes et les femmes, et ensuite entre les membres de la famille elle-même.

Une autre division, plus profonde, se produit, par le fait si général de l'établissement de l'esclavage, et du régime des castes, ou des classes diverses de la population.

Cette division nouvelle est liée à l'organisation politique, et diversifiée avec elle. Mais, quelle que soit l'organisation, le développement de la civilisation opère toujours une différenciation plus marquée dans le travail des unités sociales. L'individu qui, à l'origine, créait lui-même tout ce qui était indispensable à la satisfaction de ses besoins, n'en produit plus qu'une partie de plus en plus restreinte, soit seul, soit collectivement et dans son groupe, si le travail est réparti entre des classes ou des corps de métier distincts. Il se repose sur autrui pour la production des autres objets nécessaires à la vie, et se procure tout ce qui lui est utile, en échangeant le superflu de son industrie avec les produits de l'industrie des autres. Ces échanges réciproques établissent une coopération plus active, une plus grande solidarité entre tous les membres de la communauté, et rendent les liens de l'association plus consistants et plus forts.

Cette sorte de coopération constitue une première étape de la division du travail : c'est celle de la séparation des professions et des métiers.

Une seconde étape est celle qui résulte, dans la production industrielle, de la décomposition technique des travaux d'une même profession ou d'un même métier, en une série de tâches parcellaires.

Quoiqu'elle n'apparaisse que la seconde dans l'ordre des temps, c'est cette nouvelle face de la division du travail qui a appelé, la première, l'attention des économistes sur ce phénomène général, et qui a reçu le plus grand développement et produit les effets les plus féconds dans le monde moderne.

Cette coopération différenciée, prise dans l'une et l'autre de ses branches, n'amène pas seulement une plus grande production ; elle procure, en même temps, de la manière la plus efficace, le perfectionnement des produits sociaux. Chaque travailleur, mieux préparé et plus habile dans tout ce qu'il fait, crée plus rapidement, et en plus grande quantité, des produits d'une qualité supérieure. La variété et la coordination des efforts faits dans toutes les directions de l'activité sociale, donnent naissance à une foule de produits de nature à satisfaire, non plus seulement aux besoins indispensables à l'existence, mais encore à tous ceux que fait naître une vie plus intense et plus riche. L'accumulation des richesses, qui résulte de cette plus grande

production, suscite, en même temps, le plus
large développement des œuvres de l'intelligence,
en délivrant des soucis de la vie matérielle les esprits elevés capables de les produire.

Cette différenciation des fonctions et du travail
est toujours allée grandissant avec le progrès de la
civilisation, et c'est ainsi qu'elle a amené la coopération sociale à ce degré extrême d'hétérogénéité
où nous la voyons aujourd'hui, dans toutes les
branches de l'activité humaine. Elle s'opère plus ou
moins rapidement, et sous des modes très variables,
selon l'organisation politique et économique de
chaque société, mais elle est un phénomène cons-
tant et universel. C'est l'un des signes caractéris-
·tiques de l'évolution, sous tous les régimes, et dans
tous les temps. Elle s'accomplit, par le passage progressif d'une coopération homogène ou quasi-homogène, à une coopération hétérogène croissante.

Mais l'hétérogénéité de la coopération n'est pas
le seul indice du progrès. Elle accuse surtout le
côté matériel de la création et du développement
des richesses. La coopération n'a pas encore, de ce
seul point de vue et en elle-même, un caractère
moral. C'est la part de conscience, de volonté et
de liberté qui y entre, qui lui donne ce caractère.

VI

COOPÉRATION FORCÉE ET COOPÉRATION VOLONTAIRE.

Le progrès se fait, sous ce rapport, par le passage de la coopération forcée, issue des formes de l'autorité, a la coopération volontaire, sortie du consensus des intérêts, et de la volonté générale présumée qui l'exprime.

Ces deux sortes de progrès, quoique devant coïncider, dans la règle, ne marchent pas cependant toujours de pair. Le progrès moral ne suit pas toujours, du même pas, le progrès matériel, et réciproquement. On peut rencontrer un assez grand degré de coopération libre, quoique inconsciente, dans les sociétés primitives. Bien que la coopération soit le plus souvent marquée, dans ces sociétés, par le plus absolu et le plus cruel despotisme, il en est d'autres qui se sont constituées dans des milieux si favorisés que la coopération sociale s'y est organisée spontanément, avec un degré de liberté tel que des civilisations plus avancées pourraient le leur envier. Dans les sociétés, même fondées sur la contrainte la plus dure, la coopération est généralement spontanée et instinctive, dans le domaine de la coutume, pour tout ce qui ne touche pas les rapports des gouvernants avec les gouvernés, des classes privilégiées avec les classes sujettes, des vainqueurs avec les vaincus. Elle n'est établie par la seule voie de l'autorité que dans les rapports entre les gouvernants et les gouvernés, et surtout dans ceux des vainqueurs avec les vaincus. Mais, quel que soit le degré de volonté libre qui se trouve dans de telles sociétés, ce ne sont jamais que des sociétés rudimentaires et primitives, quelle qu'ait été leur durée, si elles sont encore au stade de la coopération homogène ou quasi-homogène. Ce n'est que dans la coopération hétérogène largement développée, combinée avec l'avancement de la liberté et de la volonté consciente dans la coopération que se trouve le progrès intégral de la civilisation.

Ce passage de la coopération issue des formes de la liberté à celle qui relève des formes de l'autorité et de la contrainte, s'opère lentement et progressivement, sous l'influence de l'accroissement de la masse sociale, de sa différenciation, de l'accession au partage direct ou indirect du pouvoir, de la part des classes de la société les plus nombreuses, primitivement subordonnées, et des états successifs de la conscience collective.

Ce qui distingue la coopération forcée de la coopération volontaire, ce n'est pas seulement son origine, c'est aussi sa nature propre, et l'état mental qui y correspond. L'adhésion volontaire qui peut lui être donnée, de la part de ceux qui y sont soumis, n'en change pas le caractère.

Une coopération quelconque, même établie par l'autorité la plus forte, ne peut être maintenue longtemps, par la seule contrainte matérielle. Elle ne dure et ne constitue un état régulier et permanent, que lorsque le temps et l'accoutumance ont amené la soumission et l'adhésion volontaire de ceux auxquels elle a été imposée. Toute société organisée est nécessairement liée a un état conforme de la conscience collective, a un ensemble de sentiments et de croyances appropriés. L'état mental correspondant a la coopération forcée, est une ferme croyance de la masse des gouvernés, en la puissance souveraine des gouvernants, et en l'excellence de leurs œuvres.

L'effort des gouvernants, dans tous les temps, a été de substituer, dans la coopération forcée, à la contrainte matérielle, l'exécution volontaire résultant de cet état mental. C'est de créer, chez les gouvernés, une mentalité qui les porte a accepter, comme une nécessité résultant d'un ordre surnaturel et divin ou, dans tous les cas, commandé par la nature inéluctable des choses, ce qui ne leur a été imposé a l'origine qu'artificiellement, dans l'intérêt des gouvernants et par la force.

Ce but est le mieux et le plus facilement atteint dans les temps primitifs, ou la religion, la morale et le droit sont confondus. La classe sacerdotale qui, lorsqu'elle n'est pas la classe gouvernante, est presque toujours une classe privilégiée et associée aux gouvernants, remplit surtout merveilleusement cette tâche, d'adapter les croyances à l'ordre de choses existant.

C'est sous cette influence, et sous celle des gouvernants, comme aussi par la vertu inhérente à la longue pratique des institutions établies, et a la mentalité correspondante qu'elle développe et consolide, que la coopération instituée par la voie de l'autorité obtient, dès l'origine, ou gagne, dans le cours du temps, l'adhésion volontaire de ceux qui y sont soumis. La légitimité des prescriptions juridiques, coutumières ou légales, paraît fondée alors principalement, non sur la valeur intrinsèque de leur contenu, mais sur l'autorité de laquelle elles émanent. Elle prend sa source, d'abord pour

la plupart d'entre elles et les plus importantes,
dans la foi en l'autorité invisible qui est réputée
les avoir révélées, au cours des premiers âges des
sociétés humaines, puis, a défaut de cette origine
surnaturelle, dans le sentiment persistant de la
sagesse infaillible de l'autorité humaine souveraine, et de l'obéissance nécessaire qui lui est
due.

Mais le cours du temps, le développement général de la civilisation et, surtout les progrès de la
science et de l'esprit humain, substituent, lentement mais sûrement, d'autres sentiments et
d'autres croyances à ceux qui fondaient le droit
sur cet ordre surnaturel et préétabli. La coopération sociale, lorsque cette base première vient à lui
manquer, ne peut plus trouver de solide fondement
que dans la poursuite consciente des véritables buts
sociaux et dans le sentiment croissant des liens de
dépendance qui unissent les membres de la société,
pour la réalisation de ces buts, et de la solidarité
de leurs intérêts matériels et moraux.

C'est de ce progrès dans les sentiments de solidarité sentie et voulue que sort la coopération
volontaire fondée sur le consensus des intérêts,
qui ne peut remplacer la coopération primitive et
purement autoritaire, que sur un terrain convena·

blement prépaié, et dans un état de la conscience sociale qui y a disposé les esprits et les cœurs.

Mais cette forme nouvelle de la coopération doit être organisée, aussi bien que la piemière. Elle reçoit cette oiganisation, selon la nature diverse des buts à réaliser, soit de la loi issue de la volonté générale présumée, soit du libre jeu des initiatives individuelles, isolées, ou gioupées dans des agrégats sociaux paiticuliers.

Cette coopération est donc légale ou libre.

VII

COOPÉRATION LÉGALE.

La coopération légale, qui déiive de cette source, présente des différences essentielles avec la coopération légale qui procède du régime de la pure autorité. Tandis que la forme autoritaire implique l'inégalité des conditions et la suboidination des droits et des intérêts de la masse aux fins paiticulières des minorités gouvernantes, la forme consensuelle tend à la suppression des privilèges et des classes, et à la participation de tous au pouvoir politique, par les moyens les plus piopres à

dégager et mettre au jour la volonté commune, et
à la faire passer dans les institutions et les lois.
Tandis que la première tire sa légitimité des seules
prescriptions du pouvoir gouvernant, la seconde
n'emprunte la sienne qu'à la satisfaction qu'elle est
réputée procurer aux intérêts matériels et moraux
de la communauté tout entière. Ce résultat est
réalisé, d'une manière plus ou moins parfaite, selon
le mode d'organisation des corps politiques chargés
de la confection des lois, et dans la mesure où ces
corps représentent le mieux les intérêts généraux
de toute la collectivité.

On peut douter que ce but soit pleinement atteint
aujourd'hui, dans nos organisations politiques les
plus perfectionnées ; et la recherche de l'organisme
le plus apte à procurer son entière réalisation
est un des problèmes les plus urgents du temps
présent, et celui dont la solution importe le plus au
bon gouvernement des sociétés.

Le plus haut degré de liberté et de volonté, après
celui de la coopération légale librement consentie,
est celui de la coopération volontaire et libre. C'est
celle qui émane des seules volontés individuelles,
unies entre elles par un libre contrat, établi et
maintenu sans aucune coercition légale. L'idéal du
progrès, dans les sociétés civilisées, doit être de

substituer, de plus en plus, les formes de cette
coopération à la coopération légale ; mais il ne faut
pas croire que celle-ci soit jamais appelée à disparaître.

La part de la coopération légale, celle du droit
et de la loi, sera toujours considérable, dans toute
société organisée, si progressive et libre qu'elle
puisse être. C'est une illusion de croire que le cours
du temps doive restreindre le champ de la législation et du droit. Ce champ tend plutôt à étendre
indéfiniment ses limites, avec la multiplicité croissante des rapports sociaux. Le changement principal
que le progrès de la civilisation amène, dans ce
domaine, consiste surtout dans l'expansion des
formes contractuelles du droit, interprétatives de
l'intention présumée des parties, et leur prédominance sur les formes impératives et répressives, et
dans l'adoucissement général des sanctions légales.
Mais la masse de l'appareil juridique, loin de subir
une diminution, reçoit toujours des apports nouveaux.

Les formes de la liberté ne sont pas celles de
l'anarchie. Elles ne peuvent fonder un régime
normal, qu'à la condition d'être organisées. Un tel
régime implique, aussi bien que les régimes d'autorité, un organisme politique et gouvernemental,

qui ne peut faire défaut, quoique établi sur d'autres bases, ni se passer de la force coercitive de la loi, pour la protection des intérêts collectifs, dont il a la garde. Il doit éviter, avant tout, de tomber dans le piège du sophisme, toujours renouvelé, que tout est permis contre lui, et que son principe même lui interdit ‹ employer aucun moyen de contrainte pour se défendre ; car il ne peut sauvegarder les formes mêmes de la liberté, contre les entreprises contraires, qu'en assurant d'abord sa conservation propre.

La coopération même qui repose le plus manifestement sur le consensus réel des intérêts, n'en doit pas moins, dans un grand nombre de cas, être sanctionnée par la loi, encore bien que sa nécessité soit universellement acceptée et reconnue. C'est ce qui se produit toutes les fois que cette coopération ne peut être régulièrement obtenue du libre jeu des initiatives privées.

Ce domaine indispensablement réservé au législateur est et sera toujours très étendu. Il comprend les buts sociaux les plus divers, les plus élevés comme les plus humbles. D'une part, en effet, certains buts les plus essentiels, tels que le service militaire, le paiement de l'impôt, ont une telle gravité et une telle urgence, qu'ils ne peuvent être abandonnés, à aucun degré, à l'exécution volon-

taire et libre de ceux qui y sont assujettis D'autre
part, un très grand nombre de buts communs, de
minime importance, non indispensables, mais du
moins utiles pour la sûreté ou l'agrément de la vie,
et reconnus de tous comme tels, ne sollicitent pas
suffisamment les activités individuelles, pour être
réalisés spontanément par la libre action des individus. Tel est, par exemple, le domaine si vaste et si
varié des prescriptions légales en matière de police.

La coopération légale, qui n'a fait jusqu'ici
qu'accroître la masse de l'appareil juridique, n'est
donc pas près de disparaître ; et une part plus ou
moins grande devra toujours lui être laissée, dans
toutes les sociétés, même les plus avancées dans la
voie de la civilisation.

Mais quel que soit le rôle nécessaire de cette forme
de la coopération, le progrès n'en est pas moins
dans le plus grand développement de la coopération,
non pas seulement volontaire, mais volontaire et
libre, et due au seul jeu des activités individuelles ;
et l'effort du temps présent, comme de l'avenir,
doit tendre à réaliser, par la coopération libre, le
plus grand nombre possible des buts sociaux et à
ne laisser à la coopération légale, et à l'initiative de
l'État, que ceux auxquels elle est elle-même incapable de pourvoir.

VIII

COOPÉRATION VOLONTAIRE ET LIBRE.

ASSOCIATION COOPÉRATIVE.

L'association libre est la forme la plus parfaite de la coopération. Elle n'abolit pas la lutte, mais elle en restreint le champ, en lui enlevant tous les domaines de l'action dans lesquels les membres associés poursuivent des buts communs ; et elle en adoucit et en change, dans une certaine mesure, le caractère, dans le domaine des activités individuelles isolées La lutte que soutiennent des hommes associés pour des buts communs n'est pas la même que celle qui s'engage entre ceux qui ne sont unis par aucun lien. L'association développe, entre les premiers, des sentiments de solidarité et d'aide mutuelle, qui ne sauraient exister, au même degré, chez les seconds, et qui ne peuvent manquer d'exercer une certaine influence dans la poursuite même de leurs buts individuels concurrents.

C'est vers l'association libre que se dirigent aujourd'hui les vues de tous les hommes qui s'ap-

pliquent à corriger les défectuosités ou les vices
de notre organisation sociale actuelle, non par les
procédes violents ou révolutionnaires qu'impliquent, à des degrés divers, les théories commu-
nistes ou collectivistes, mais par la voie pacifique
et régulière de l'évolution.

L'association a déjà accompli des merveilles dans
le monde économique, et donné des résultats importants dans toutes les branches de l'activité
humaine. La forme dernière qu'elle a revêtue,
dans l'*association coopérative* moderne, marque
encore une phase supérieure de son développement.

Ce qui distingue cette forme nouvelle, ce qui lui
donne sa plus haute valeur sociale et son caractère moral, c'est qu'elle constitue une association
de personnes, non de capitaux, et qu'elle tend, non
à l'enrichissement de ses membres, mais à une
organisation et à une régularisation de la vie économique en général.

Nous n'avons pas à faire ici l'histoire du développement extraordinaire du mouvement coopératif,
depuis les célèbres *Pionniers de Rochdale,* qui l'ont
inauguré jusqu'à nos jours. Les propagateurs de ce
mouvement ont pu et peuvent encore s'en exagérer
la portée. Les associations coopératives, dans le

sentiment de plusieurs d'entre eux, sont destinées
à substituer, à notre état présent, un ordre économique tout nouveau, par la combinaison et l'al-
liance de leurs trois types principaux, d'associations
de consommation, de production, de crédit. Elles
doivent, à les en croire, faire dans un avenir plus
ou moins éloigné, la conquête successive de l'industrie commerciale, et de la production manufac-
turière et agricole, par des voies toutes pacifiques,
et sans aucune intervention de l'État, et supprimer
ainsi le douloureux antagonisme que notre régime
économique actuel accuse entre le capital et le
travail.

De telles vues d'avenir contiennent, sans doute,
une part d'illusion. L'association ne peut pas être
universelle, ni même pourvoir, dans des groupements distincts, à tous les besoins de la vie sociale.
Elle ne peut, quelque extension qu'on lui donne,
suppléer au libre jeu des initiatives individuelles,
dans l'accomplissement de toutes les tâches
sociales. Quelque bienfaisants que soient ses effets,
elle ne sera jamais le seul mode d'exercice de l'activité sociale. Tous les buts sociaux ne peuvent pas
être remplis par elle. Un grand nombre d'entre eux
sont, par leur nature même, plus sûrement
atteints par les activités individuelles, et mieux ga-

rantis par l'organisation spontanée qui en résulte, dans les sociétés bien réglées.

Mais si les plus ardents propagateurs de l'œuvre coopérative peuvent s'en exagérer l'universalité et la puissance, les résultats immenses déjà acquis permettent d'affirmer que ses effets ne sont pas épuisés, et qu'elle est appelée à jouer encore un rôle plus important dans l'avenir. Au milieu de tous les rêves de rénovation et de réformes de toute sorte que notre siècle a vus éclore, la libre coopération est la seule expérimentation sociale qui ait été pleinement vérifiée et réussie; et elle paraît encore, dans l'état actuel de la science, l'hypothèse la plus plausible pour la réalisation d'une rénovation, au moins partielle, de notre régime économique. Elle est d'ailleurs en parfait accord avec le mouvement général de l'évolution que nous avons décrite qui, par un mouvement continu, quoique parfois interrompu dans la totale série du temps, a opéré la substitution progressive des formes de la liberté aux formes de la contrainte, dans tout l'ensemble de la vie sociale. Si l'œuvre coopérative a pu éveiller, dans certains esprits, de trop vastes espérances, elle n'en paraît pas moins destinée à concourir, de la manière la plus efficace, à l'avancement du progrès humain, et à apaiser, sinon à résoudre en-

tièrement, les conflits économiques les plus aigus
du temps présent [1].

1. V   parmi les nombreuses publications auxquelles a donné
lieu le mouvement coopératif H Crüger. — *Die Erwerb-Wirth-*
schafts Genossenschaften in den einzelnmen Ländern Iéna.
J. Fischer. 1892 — Th Hughues et Ed Vansittart Neale *A Manual*
for Cooperation Manchester. 1888 — B Potter *Cooperative*
Movement in Great Britain Londres 1891 — G Tremerel.
Des sociétés coopératives de consommation a l'etranger. Paris.
Giard 1891. — Gide *De la coopération* (Discours d'ouverture du
Congrès international des sociétés coopératives de consommation).
Larose et Forcel 1889.

CHAPITRE III

CARACTÈRE FORMEL ET FORCE OBLIGATOIRE DES RÈGLES JURIDIQUES.

I

CARACTÈRE FORMEL DU DROIT.

C'est une marque caractéristique du droit qu'il n'a pas de puissance créatrice propre. Ce caractère fondamental des règles juridiques est souvent inaperçu, ou même méconnu. Il n'est presque jamais estimé à sa juste valeur ; et il importe d'autant plus de le mettre en lumière que sa méconnaissance est de nature à entraîner de graves erreurs, en législation et en doctrine.

Sans doute, les règles juridiques, une fois établies, par quelque voie que ce soit, par la coutume ou par la loi, ne demeurent pas sans influence sur le développement subséquent de la vie sociale et du droit. D'une part, en effet, ces règles, ou du moins les plus importantes d'entre elles, recèlent en elles une série de conséquences ou appellent des compléments qui peuvent en être déduits par la logique et la technique législative ou juridique. Mais ces effets virtuels ou ces compléments de la règle, qui ne sont pas à dédaigner, et dont l'étude constitue une partie importante de la science juridique, ne sont pas à proprement parler, une création. C'est affaire de technique et de logique[1].

D'autre part, les règles juridiques, une fois constituées, s'incorporent à l'organisme social, dont elles deviennent une partie intégrante. Elles ont, par la solidarité même qui unit tous les éléments de cet organisme, une action plus ou moins grande, selon leur nature, sur les mutations futures. Sorties de l'évolution, elles deviennent, à leur tour, un facteur plus ou moins humble, plus ou moins élevé, du développement ultérieur de la vie. Mais cet autre pouvoir qu'elles exercent, quoique plus réel que le premier, n'est encore qu'une action dérivée, une influence. Ce n'est pas une force créatrice propre.

Le droit ne trouve pas, en lui-même, la représentation des rapports sociaux qui forment la matière de ses prescriptions. Il ne crée, ni les intérêts matériels, ni les intérêts moraux, que ces rapports recouvrent. Ce n'est pas lui qui les produit, ni même qui exerce l'influence prépondérante sur leurs

1. V. sur la technique juridique, dans son sens le plus large, l'ouvrage tout récent, très richement documenté, de M. F. Gény, *Méthode d'interprétation et sources en droit privé positif.* Paris. Giard. 1899.

transformations successives. Sa fonction propre es de reconnaître et définir les relations de la vie dans lesquelles ces intérêts trouvent leur satisfaction la plus sûre et la plus large, et de garantir leur accomplissement paisible et régulier, par la force obligatoire qui s'attache à toutes ses déterminations.

C'est une des erreurs les plus funestes que de croire que tout l'ordre juridique peut être changé, par la seule force de la loi. On le voit bien, lorsqu'on considère, dans l'histoire, la précarité des lois qui naissent, en si grand nombre, sous l'action des partis politiques, dans les périodes révolutionnaires. Celles-là seules ont duré, qui n'étaient pas sorties des conceptions spontanées et arbitraires du législateur, mais qui répondaient à des besoins, à des sentiments nouveaux, à des conditions nouvelles de la vie.

II

FORCE OBLIGATOIRE DES RÈGLES JURIDIQUES.
CONTRAINTE ET ASSENTIMENT MORAL

L'obligation qui s'attache aux règles de droit doit, pour avoir sa pleine efficacité, être pourvue de deux sanctions : la contrainte sous toutes ses formes; l'assentiment moral. La contrainte seule ne suffit pas. Elle est le complément de la règle et l'accompagnement naturel du droit, car il n'est pas de règle de conduite, quelque adhésion qu'elle obtienne, qui ne trouve des contrevenants; et il est indispensable que les infractions soient réprimées, pour que la règle conserve toute sa force. Mais il est non moins nécessaire, pour son fonctionnement normal et régulier, que les contrevenants ne représentent qu'une faible partie des membres de la communauté, et que la masse prête à l'ordre établi une soumission volontaire.

Les deux sanctions de la contrainte et de l'assentiment doivent donc concourir, pour la pleine exécution de la règle. Mais quoiqu'il en soit ainsi le plus souvent dans la pratique, et que l'une et l'autre de ces sanctions soient attachées au plus grand nombre des prescriptions du droit positif, l'une et l'autre, et parfois toutes les deux, peuvent leur manquer; et elles ne sont pas la marque caractéristique et exclusive de ces prescriptions.

On a beaucoup disserté, et on dispute encore, sur le caractère distinctif des règles du droit positif et de celles de la morale, qui se touchent par tant de points. Cette distinction n'est manifestement pas dans l'assentiment moral. Car, d'une part, cet assentiment est commun aux unes et aux autres, dans la plupart des cas ; et d'autre part, tandis qu'il accompagne toujours et nécessairement les règles de la morale, il peut manquer à certaines prescriptions du droit. La réalisation pratique du droit positif deviendrait impossible, s'il fallait que chacune de ses prescriptions eût, à chaque moment de la vie sociale, le plein assentiment moral de la communauté, et si elle devait cesser d'être obligatoire, dès l'instant où elle aurait perdu cette sanction.

On est plus tenté de chercher la distinction entre la morale et le droit, dans la contrainte, ou mieux encore, dans la coercibilité qui, entièrement étrangère à la morale, est, au contraire, liée étroitement à l'idée du droit ; et c'est là, en effet, que l'opinion commune voit généralement la différence entre les deux ordres de règles. Mais la contrainte, ou même la coercibilité, si indispensables qu'elles soient, d'une manière générale, à la réalisation pratique du droit, ne sont pas cependant attachées à toutes ses prescriptions.

Le seul signe, vraiment distinctif, de toutes les prescriptions du droit positif est dans la forme qui leur est donnée, et dans le processus par lequel elles sont arrivées à l'état d'une règle commune de conduite, reconnue et consacrée, par la voie de la coutume ou de la loi. C'est ce mode externe de formation, ce processus, coutumier ou légal, qui leur imprime le caractère de la positivité.

Lors donc que nous exigeons, pour la plus grande force obligatoire des règles juridiques, la double sanction de l'assentiment moral et de la contrainte, nous envisageons, comme nous l'avons fait dans la détermination du contenu de ces règles, non le droit positif, tel qu'il est, mais l'idéal vers lequel ce droit doit tendre pour réaliser, de la manière la plus parfaite, le véritable ordre juridique.

Envisagées à ce point de vue, les deux sanctions, matérielle et morale, que le droit comporte, lui sont également nécessaires. La sanction matérielle résultant de la contrainte, sous toutes ses formes, est incapable d'assurer, à elle seule, son entière réalisation.

Si essentielle que la coercibilité paraisse à l'idée du droit, la contrainte peut lui faire défaut, soit parce qu'elle a été omise par le législateur, soit parce qu'elle est, de fait, impossible à exercer, à raison de la nature spéciale des dispositions qu'il s'agit de sanctionner. Elle fait défaut, ou n'est organisée que d'une manière très imparfaite, dans le droit des gens et le droit ecclésiastique.

Elle manque à un assez grand nombre de dispositions du droit privé, et surtout du droit public.

Mais il y a plus; et si on pousse plus loin l'analyse, il est permis de dire, sans paradoxe, que le droit tout entier peut toujours être dépouillé de la sanction matérielle que le législateur a entendu lui assurer, et qui n'est que l'une, et non la seule des marques de son caractère obligatoire. L'exécution des règles du droit positif, même les mieux pourvues de sanction, n'est jamais entièrement assurée par la seule contrainte.

Le droit positif tout entier est, comme on l'a déjà remarqué, un ensemble complexe d'impératifs qui se conditionnent, s'appellent, se sanctionnent les uns les autres, mais qui aboutissent toujours à un dernier et suprême impératif dont la violation demeure elle-même sans sanction [1]

La prohibition d'un fait délictueux, par exemple, met en œuvre les impératifs qui prescrivent aux autorités administratives et judiciaires la recherche du fait et la mise en jugement du délinquant. La mise en jugement met en œuvre les impératifs qui prescrivent au juge de déclarer la culpabilité, et de faire l'application de la peine. La condamnation prononcée met en œuvre les impératifs qui s'adressent à l'autorité judiciaire chargée de l'exé-

1. A. Thon. — *Rechtsnorm und subjectives Recht.* Weimar. 1848, p 8

cution. Tous ces impératifs eux-mêmes mettent en
œuvre, pour le cas de leur inobservation, ceux qui
s'adressent aux autorités supérieures de surveil
lance et de contrôle, chargées de rappeler les autorités inférieures à l'observation de leur devoir, en
remontant, de degré en degré, jusqu'à l'autorité la
plus élevée. Mais cette chaîne s'arrête à l'impératif
adressé à cette dernière autorité, qui, étant le
terme ultime de la série, n'est pas lui-même susceptible de sanction. Le fait délictueux, quelles que
soient son importance et la gravité de la peine
dont la loi l'a frappé, pourra donc toujours demeurer impuni.

Il en sera de même de toutes les dispositions
sanctionnées par la loi, et même de celles qui concernent de simples droits privés, puisque l'exercice
de ces droits, pour être assuré, exige toujours, en
quelque mesure, le concours éventuel des organes
de la puissance publique.

Un droit, quel qu'il soit, pourra donc toujours
demeurer sans effet, par la défaillance du dernier
et suprême impératif qui le sanctionne. Ce résultat se produira d'ailleurs, à des degrés divers
de la série, et sans épuiser toute la chaîne des
impératifs, s'il s'en trouve d'intermédiaires,
adressés à des autorités à l'égard desquelles aucun

contrôle n'est possible. C'est ce qui arrivera, par exemple, dans le cas de la poursuite d'un fait délictueux, devant un tribunal irresponsable quant à la déclaration de la culpabilité. Un accusé peut être acquitté, quoique manifestement coupable ; il peut être condamné, par des juges égarés ou prévenus, en pleine évidence d'innocence. Et ce ne sont pas là des hypothèses, de simples jeux d'esprit. On a vu, dans tous les temps, des droits éclatants méconnus et demeurés sans sanction, malgré toute la puissance coercitive que le législateur a attachée à la loi, par la défaillance des impératifs qui avaient pour objet d'en assurer l'exercice. Le droit tout entier, quelles que soient la variété et la rigueur de ses sanctions, ne peut donc se suffire, avec la seule contrainte. Son parfait accomplissement, impossible sans elle, n'est pleinement réalisé que par la force de l'assentiment moral qu'il obtient de ceux qui y sont soumis ou qui sont chargés d'en procurer l'exécution.

III

SOURCES DE L'ASSENTIMENT MORAL.

L'assentiment moral vient au droit, de diverses sources, selon les temps.

9.

Les docteurs du droit naturel ont prétendu le
tirer du contrat social, diversement conçu. Ce contrat est, avec Hobbes, le théoricien de la force, le
pacte par lequel les hommes, se constituant en société, ont convenu de faire cesser la guerre de nature, de tous contre tous, par la soumission à un
maître absolu chargé de réfréner, par sa volonté
souveraine, toutes les activités rivales concurrentes.
C'est, avec l'École libérale de Rousseau, le pacte
qui a érigé la volonté générale en législatrice
souveraine.

Mais on n'a jamais vu, à l'origine d'aucune société, de pareils contrats ; et l'assentiment vient
au droit, par de tout autres voies. Tantôt cet
assentiment est attaché au contenu du droit ; tantôt
il dérive de la source d'où le droit émane, indépendamment de son contenu.

Dans les temps primitifs, c'est à l'autorité que
l'assentiment s'adresse. Le droit est réputé émaner
de la divinité, ou de grands ancêtres, ou d'hommes
investis, dans le temps présent, par la croyance
populaire, d'une mission divine ou quasi-provi-
dentielle. La foi en l'action divine ou surnaturelle,
la religion des ancêtres, sanctifient toutes les règles
qui sortent de cette source ; elles ne peuvent être
que bonnes, justes, infaillibles.

C'est le plus haut degré de la force obligatoire du droit. L'assentiment qui lui est donné a la valeur d'un acte de foi. Il est semblable, et presque égal, à celui qui s'attache, pour les fidèles, aux commandements de l'Église, indépendant de leur contenu et résidant tout entier dans l'autorité dont ils dérivent.

Dans les stades plus avancés 'de l'évolution, c'est surtout au contenu du droit, aux intérêts dont il assure la protection, que l'assentiment s'adresse.

Ces deux sources de l'assentiment peuvent, il est vrai, être ramenées à une certaine unité, en ce que la croyance à l'infaillibilité de l'autorité, dans laquelle la communauté se repose, dans les premiers temps, ne s'y est définitivement assise que parce que cette autorité a donné une satisfaction suffisante aux intérêts communs, vrais ou supposés, en vertu de la réaction réciproque et inévitable de la croyance sur les intérêts, et des intérêts sur la croyance. Mais il n'en subsiste pas moins des différences essentielles, que nous avons signalées plus haut, quant à ces deux modes de formation de l'assentiment volontaire.

C'est par le premier mode que se sont accomplis les plus grands changements survenus dans l'histoire primitive des peuples. C'est l'époque légendaire du droit ; celle où il se confond avec la religion et la morale, où le législateur est le plus souvent, en même temps, pontife, prophète, roi, et impose ses prescriptions, comme des ordres émanés directement de l'autorité divine dont il n'est que l'interprète. Il semble alors que les institutions juridiques sont changées par la volonté souveraine d'un homme, sans le concours de la communauté. Mais ce n'est là qu'une vue superficielle des choses. L'assentiment moral nécessaire à la formation du droit va alors aux institutions, d'une autre manière qu'à l'âge de la critique ; mais loin de leur manquer, c'est dans cet état qu'il a son caractère le plus marqué d'universalité, de certitude et de force.

Cette conception de l'origine surnaturelle du droit s'affaiblit, elle ne disparaît pas, après sa séparation d'avec la religion et la morale. La croyance qui subsiste, à des degrés divers, dans l'institution divine du souverain législateur, donne longtemps encore à ses œuvres la force morale qui leur est nécessaire, par la vertu seule de leur origine. On retrouve, jusque dans notre temps, les échos affaiblis de cette croyance, chez les théoriciens de la monarchie de droit divin.

L'âge de la critique arrive cependant. On ne croit plus à l'origine surnaturelle du droit, ni à la mission divine du législateur, surtout de celui du temps présent. On discute la loi; on y reconnaît des imperfections et des lacunes. On imagine qu'elle pourrait être différente. On oppose, au droit présent, un droit idéal meilleur. La communauté enfin perd, peu à peu et progressivement, sa foi dans l'infaillibilité du législateur et de ses œuvres.

Dans ce nouvel état, l'assentiment moral, toujours indispensable au droit, ne dérivant plus de sa seule origine et de l'autorité d'où il émane, ne peut aller désormais qu'à son contenu. Il n'est dès lors acquis au droit, que si la valeur intrinsèque de ce contenu satisfait aux intérêts matériels et moraux de la communauté tout entière.

Cette évolution de l'assentiment moral qui s'attache au droit, pour lui procurer sa force pleinement obligatoire, correspond à la substitution graduelle des formes de la liberté aux formes de la contrainte, que nous avons signalée plus haut comme le signe le plus caractéristique de l'évolution en général. C'est là, d'ailleurs, une corrélation naturelle et nécessaire, puisque l'évolution du droit n'est qu'une des faces de l'évolution de toute la vie sociale.

CHAPITRE IV

CONCLUSION

LE DROIT. L'UTILITÉ. LA CONSCIENCE SOCIALE.

La conception de l'ordre juridique, que nous nous sommes efforcés de dégager de cette étude, assigne pour but au droit la détermination des rapports obligatoires de coexistence et de coopération des hommes entre eux, en accord avec leurs intérêts individuels et collectifs, et avec les idées de justice fixées dans la conscience sociale.

Cette notion, toute positive, du droit a des rapports étroits avec la doctrine utilitaire. Elle s'en sépare, en ce qu'elle distingue mieux les éléments matériels et les éléments idéaux du droit, et qu'elle allie la justice à l'utilité, par le règlement qu'elle fait des intérêts, en harmonie avec la conscience commune.

Toutes les règles et les institutions juridiques faites pour durer, ont été déterminées, dans l'ensemble d'un droit quelconque, d'une part, par les intérêts qui naissent des conditions de la vie, et, d'autre part, par les états successifs de la conscience sociale. L'utilité proprement dite, quelque extension qu'on lui donne, ne suffit pas pour expliquer toutes ces institutions et toutes ces règles. Leur explication totale, leur parfaite intelligibilité ne se trouvent que dans l'union de ces deux éléments. Ce sont eux qui ont inspiré, d'une manière plus ou moins consciente, les trouveurs de la coutume, aussi bien que les inventeurs de la loi.

Nous ne voulons pas dire par là que le droit positif ait été, partout et toujours, dans une harmonie parfaite avec la conscience collective. Il peut se faire qu'il soit parfois, au contraire, en opposition flagrante avec elle. Le législateur peut la méconnaître, par erreur, ou parce qu'il la croit mal informée, ou bien encore, ce qui arrive le plus souvent, il peut la trahir dans des vues intéressées. Mais ces cas exceptionnels ne doivent pas voiler à nos yeux et nous empêcher de reconnaître le rapport normal, qui est la conformité de la conscience sociale et du droit. Ce rapport est d'ailleurs, quelles que puissent être ses déviations dans des cas particuliers, pratiquement observé, dans l'ensemble de tout droit ayant vécu et régi une société d'hommes, pendant une période de temps de quelque étendue.

Cette relation nécessaire de l'utilité avec la conscience sociale, dans le droit, se révèle, quoique d'une
manière imparfaite, dans la spécification même qui
est faite, par la doctrine utilitaire proprement dite,
dans son dernier État, de l'utilité générale, comme
principe moderne du droit. On entend par là, l'utilité qui n'est celle, ni d'un homme, ni d'une classe,
ni d'un parti, mais l'utilité de tous.

D'où tire-t-on le principe, ainsi défini ?

On ne peut pas y voir une vérité *a priori*. On ne
peut en faire davantage une vérité d'expérience,
un produit de l'histoire.

Ce n'est pas l'utilité générale, telle que nous
venons de la définir, qui a été, dans l'histoire, le
principe du droit. C'est l'utilité sociale, bien ou
mal comprise, selon les temps et les lieux.

Dans un gouvernement despotique, le législateur ne comprend l'utilité sociale qu'avec les pouvoirs du souverain les plus illimités ; et cette conception est partagée par la masse des sujets, s'il
s'agit d'un gouvernement traditionnel et solidement
établi. Il en est de même, dans tous les régimes oli-
garchiques, plus ou moins tempérés, qui ont toujours
vu l'utilité, dans une large mesure, à travers les
intérêts particuliers de la classe gouvernante et
dans la protection primordiale de ces intérêts, au

préjudice même de la masse. L'esclave, dans la société antique, n'avait, pas plus que son maître, la notion d'un droit à la liberté individuelle, telle que nous l'entendons aujourd'hui. Il pouvait regretter sa condition, et souhaiter d'en sortir ; il ne blâmait nullement l'état social qui l'y avait fait naître ; il n'en imaginait pas d'autre. Il en était de même des serfs du Moyen Age, lorsque de trop dures oppressions ne venaient exceptionnellement les acculer à la révolte, par l'impossibilité de vivre. Platon a pu sortir de toute réalité, pour construire sa chimérique république idéale ; il n'a pas su s'affranchir assez de l'esprit de son temps, pour sentir l'injustice de l'institution servile. Dans les régimes de castes, l'homme des plus basses castes est, mieux encore que l'esclave de la société antique, dans des sentiments conformes à la condition inférieure dans laquelle sa naissance l'a placé.

Le principe de l'utilité, définie dans le sens de l'utilité de tous, en implique en réalité un autre. Il dérive de l'idée de l'égalité, de l'égale valeur des personnes. Or, cette idée est surtout un produit de la pensée philosophique, qui s'est réalisée d'abord imparfaitement dans la suppression de l'esclavage, puis progressivement et d'une manière plus complète, dans l'abolition des privilèges et la proclamation du dogme de l'égalité devant la loi.

L'idée de l'utilité générale n'est donc pas une idée purement utilitaire ; elle accuse elle-même le rapport nécessaire qui existe, dans la pensée moderne, entre l'utilité et la conscience sociale.

Ce rapport, qui n'est qu'impliqué dans la spécification que l'utilitarisme courant donne de son principe, doit être reconnu et consacré, dans toutes les déterminations de l'utilité, par sa confrontation avec les autres idées de justice fixées dans la conscience sociale, qui doivent, sinon y trouver une égale satisfaction, du moins n'en éprouver aucune lésion. L'utilité générale, prise comme le principe moderne du droit, ne peut être fondée sur la seule considération du traitement égal de tous ; elle doit l'être aussi nécessairement, en fonction des idées de liberté, de solidarité, de responsabilité, et en un mot, de toutes les autres notions morales et de justice auxquelles cette conscience commune assigne un rang plus élevé, une valeur sociale supérieure, dans la conception idéale que la communauté se fait de la vie.

Cette confrontation ne donne pas seulement son caractère vrai à l'utilité générale ; elle rend encore sa détermination plus facile et plus sûre. Il semble que la considération de l'utilité soit la

règle la plus simple pour fonder tout le droit sur
une base rationnelle; mais ce n'est qu'une apparence. Il y a, dans les questions, grandes et petites,
que soulève le vaste problème de la législation, un
grand nombre de cas où des considérations con-
tradictoires d'utilité ne permettent pas de voir
clairement ou se trouve l'utilité véritable. Il y a des
cas, plus insolubles encore, dans lesquels l'utile
se trouve dans un conflit irréductible avec l'utile,
par exemple lorsqu'il s'agit d'assurer les droits des
minorités au regard des majorités triomphantes.

C'est la confrontation de l'utilité avec la conscience sociale qui peut seule apaiser ces conflits,
que les systèmes purement utilitaires ne résolvent
qu'en s'en référant, au moins tacitement, à d'autres
principes, lorsqu'ils ne veulent pas avouer uniquement la force brutale des majorités et du
nombre.

L'utilité générale n'est vraie que si elle est ainsi
entendue; mais elle associe alors au principe de
l'utilité des éléments étrangers, et elle perd son
caractère spécifique.

Le nom du bien commun est celui qui convien-
drait le mieux au principe du droit, ainsi défini,
si on veut le ramener à l'unité verbale la plus
compréhensive et la plus large, et le dégager, en

même temps, des équivoques qui s'attachent toujours à l'idée de la simple utilité.

Mais, quels que soient le nom ou la formule sous lesquels on renferme les éléments si complexes et si variés de l'ordre juridique, il ne faut pas oublier qu'il ne s'agit toujours là que de généralisations philosophiques qui résument, le plus complètement, et sous les termes les mieux appropriés, l'infinie complexité de ces éléments divers, sans jamais les recouvrir entièrement.

Ce qui fait la valeur commune de telles généralisations, soit qu'on parle de l'utilité générale, du bien commun, des conditions de la vie, du consensus des intérêts et de la conscience sociale, c'est qu'elles opposent toutes, aux principes abstraits du droit naturel ou purement rationnel, une conception, toute positive, de l'ordre juridique, seule compatible avec les données de sa formation historique. Ce qui fait leur valeur comparée, c'est qu'elles expriment, d'une manière plus ou moins parfaite, les évaluations sociales de toute nature, les biens matériels et moraux, qu'il faut toujours savoir reconnaître, sous leur unité factice, dans la réalité du droit, et qui font l'objet de toutes les règles juridiques.

TABLE DES MATIÈRES